英国近代刑罰法制の確立

【 刑事施設と拘禁刑 】

三宅孝之 著

大学教育出版

カバーの写真説明
19世紀の旧コーク刑事施設（CORK CITY GAOL）（アイルランド）
とピロリー（晒台）

はしがき

　本書は、イギリス（英国）の近代的な刑罰法制度が確立するに至る18世紀以降20世紀初めまでの刑罰制度、犯罪者処遇、刑事施設を検討対象にして、そこからその法制度の到達内容の普遍性とイギリス的特徴について言及したものである。

　今日、犯罪者の処遇が施設内から社会内処遇へと推移しているなかにあって、最後に拠るべき手段として、（わが国では死刑と並んで）懲役・禁固の拘禁刑が、刑罰制度において依然として重要な位置を占めている。1999年の全刑事事件での裁判確定人員の刑種比率は罰金刑等の金銭刑が94％であり、刑事施設収容の拘禁刑が6％（69,728人）であり、しかもその拘禁刑の執行猶予は60％近くであるから、刑期の長短はあるにせよ実刑はおおよそ2.4％にすぎないことになる（犯罪白書、平成12年版、45-46頁）。このように、拘禁刑はすでに言い渡し比率を見る限り、刑罰の首座を失っている。

　しかしながら、わが国における拘禁刑の中心は、労働強制を伴った懲役刑であり、その懲役は重・軽懲役の区分をするならば、重懲役に分類され得るものである。しかも、この懲役としての刑務作業は、位階制秩序に置かれた刑務官の指揮による生活規律と結合した「規律と秩序」が保たれた環境下で整然として行われ、報奨金（作業賞与金）が与えられるものである。一体、この刑務官（職員）の位階制秩序、指揮系統のもつ軍隊的規律（ミリタリズム）や受刑者に課される軍隊的規律は、いつ頃のどこの制度に範を置いてきたのであろうか。これらは、わが国独自のものなのであろうか。

　そこで、近代刑罰制度、ベンサム（1748～1832年）のパナプティコン（一望監視施設）構想など、諸外国でモデル化されたイギリスの刑事施設（刑務所等）は、どのように歴史的展開をしてきたのか。その際の、社会状況と刑罰・刑事政策はどのようなものであったのか。

　わが国が明治の近代化過程において参考にし、現代に引き継いだ欧米の近代刑罰制度モデルを、その国特有の歴史的脈絡で捉え、制度がもつ普遍性と特殊

性を区別していくことができれば、わが国を含め刑事施設（刑務所）の将来的あり方を考える際に、有益な示唆を得られるのではないであろうか。

　本書は、このような問題意識から、イングランド（およびウエールズ）とスコットランドというイギリス法制の内部での差異にも留意しながら、イギリスの近代刑罰法制の特殊性と普遍性を探ろうとしたものである。

　本書は、本文に比べて、注部分が相当の量になっている。これは、本来、本文の論述のための根拠、資料的裏付け、補説を注記としたためである。その分、本文は幾分すっきりした長さのものになっている。本文の叙述につき、詳細な説明が必要な場合、是非とも注記を参照いただきたい。

　本書の基になった原稿は、私の属する大学の紀要に掲載した「イギリスにおける近代刑罰法制の確立－刑事施設の規律と懲罰（1～5完）」（島大法学39巻4号、40巻1～4号（1996～1997年））である。執筆時から時間の経過があり、さらに参考にすべき文献もあるが、若干の補正を加えるにとどめた。

　原稿は、1995年8月から1997年7月までの2年間国外研修期間中に作成したものである。最初の1年間はイギリス（スコットランド）のエディンバラ大学法学部の犯罪学社会哲学センター（今日の法社会センター）においてD・ガーランド（Garland）教授（刑罰学。現在ニューヨーク州立大NYUロースクール教授）下で、故マックリントック犯罪学教授の寄贈書・資料の置かれた研究室において、また後半の1年間はアメリカのカリフォルニア大学バークレイ校ボールトホール（ロースクール）のF・ジムリング（Zimring）教授が所長であるE・ウォーレン（Warren）法律研究所の研究室をベースにして研究する機会を得た。

　エディンバラ大学図書館（George Square）および法学部図書館（Old College）において同所所蔵のベンサムの初版本、議会資料（Parliamentary Papaers）等を長期に断続的に閲覧する機会を与えていただいた。同様に、ボールトホールの法学図書館所蔵の19世紀英国の議会法令・リポート等の文献資料を閲覧できる機会を得た。

　私の調査研究のために便宜をおはかりいただき、問題関心にお答えいただくことの多かった両教授と両研究機関のスタッフに厚くお礼申し上げたい。また、

アドバイスとご教示をいただいたエディンバラ大学の、上級講師P・ヤング（Young）博士、D・J・スミス（Dr. Smith）教授、A・ワーダック（Dr. Wardak）講師（現ウエールズ・グラモーガン大犯罪学）、バークレイ校のS・ケーディッシュ（Kadish）名誉教授、M・フィーリー（Feeley）教授、G・ホーキンス（Hawkins）博士（客員研究員）に感謝申し上げたい。

また、今回のこの研修の機会をお認めいただき、励ましをいただいた島根大学法学科と学科の同僚教員に感謝の意を表したい。

なお、本書で触れた種々の刑事施設（重懲役刑事施設、重罪刑事施設、地方刑事施設、ハルク）などを視覚的に把握するためには、最近出版された重松一義（監修）『図説 世界の監獄史』（柏書房、2001年）が、図版によって示しており大変に参考になることを付記させていただく。

最後に、本書の出版の機会を与えていただき、また出版の遅延にもかかわらず温かく見守ってくださった㈱大学教育出版の佐藤守出版部長に厚くお礼申し上げる。

2001年6月30日　　　　　　　　　　　　　　　　松江市古曽志にて
　　　　　　　　　　　　　　　　　　　　　　　　　　　　著者

目　次

はしがき　*1*

第1章　問題の所在 ……………………………………………………*7*

第2章　18世紀の刑罰制度と拘禁刑 ………………………………*11*
　　第1節　産業革命後の犯罪状況と刑罰　*11*
　　第2節　公開処刑の廃止と刑罰制度の変容　*12*
　　　　　── 1775年前の刑罰制度 ──
　　第3節　アメリカへの流刑制度の停止　*15*
　　　　　── 1775年以後の刑罰制度 ──
　　第4節　オーストラリアへの流刑制度と刑罰制度の再編成　*18*
　　　　　── 1779年懲治施設法の成立 ──
　　第5節　小　括　*24*

第3章　ヴィクトリア期における拘禁刑 …………………………*26*
　　第1節　19世紀前期の刑事施設　*26*
　　第2節　1877年刑事施設法の成立と刑事施設の規律　*44*
　　第3節　グラッドストーン委員会リポートと1898年法の成立　*67*
　　第4節　小　括　*95*

結　論 …………………………………………………………………*98*

　　注　*101*

　　関連文献　*151*

第1章　問題の所在

　本稿で扱うイギリスは、主としてイングランドおよびウエールズ地方を指し、部分的に取り上げるスコットランド地方についてはその都度示す。したがって、(北)アイルランドは本稿の検討からほぼ除外されている。

　イギリスは、1995年の時点において、刑罰執行制度上、2つの点で大きな転換点に立ってきている。第1は、刑事施設運営の一部民営化であり、第2は、巡視委員会 (Boards of Visitors) の懲罰権限の廃止である。前者は、1991年の刑事司法法 (C.J.A.1991) によって[1]、刑事施設の運営、被収容者の処遇、未決拘禁者の引致を民間セクターに委ねる道が開かれたことによる。しかも、すでに1992年にはハンバーサイド (Hamberside) のウォルズ (Wolds) 未決拘禁施設が警備保障会社「グループ4」との委託契約によって民営化が開始され、同年12月にはレディチ (Redditch) のブレイクハースト (Blakehurst) 地方刑事施設の委託契約が民間会社「UKデントンサービス」との間に成立した。

　この「刑務所民営化」の動きは、1987年以来の内務省官僚によるアメリカ合衆国の民営化刑事施設の視察後に見られた民営化を警戒する見地からすれば、急激な変化の中で生まれたものであるといえる。その背景には、1989年2月の内務省の委託コンサルタントによるリポートを受けて[2]、省内に未決拘禁施設契約班 (A Remand Contract Unit) が設置され、保守党議員およびロビィストの民営化促進の活動が媒介となって、受刑者を含む刑事施設全般に民営化を認める政策が固まり、先の1991年刑事司法法の成立となったものである[3]。刑事施設民営化の程度は急速であり、その事柄から派生する事故等の行政上の法的、政治的責任問題はなお残されており論争中であるといえよう[4]。

　現在の刑事施設制度は、沿革的には、1877年の刑事施設法 (The Prison Act

1877) の成立によって確立し、その後の刑事施設法の法改正を経ながら、内務大臣が中央集権的で独占的に統括する国家刑罰制度の1つとして担ってきたのであるが、今日、前述のように刑事施設の運営に画期的な変化が生じ、転換点を迎えている。いわば、国家による近代刑罰権（＝科刑権）の行使の態様が質的に変化してきているのである。

これと並行的に生じた第2の転換点は、同じく立法の沿革を辿れば1877年法によって賦与されてきたといえる巡視委員会の懲罰権限が廃止となったことにある。1991年、刑事施設内での被収容者の重大な規律・秩序違反行為は、従来のように巡視委員会の懲罰対象として残すのではなく、とりわけその行為が刑罰法規として規定替えされたものを含め[5]、これに抵触するとされる場合、一般の刑事手続きと同様に、事案は警察による捜査、さらに刑事裁判に付されることになったのである。これは、1990年の刑務所暴動に関する調査リポートであるウルフおよびチューミム・リポート（以下では、ウルフリポートという）を受けて[6]、内務省が巡視委員会のもっていた①刑事施設の監視および被収容者の不服申立の受理審査機能、②被収容者の懲罰機能の2重機能のうち、後者の廃止に踏み切ったのである。具体的には、内務省は巡視委員会の懲罰機能の放棄を白書に示し、また刑事施設規則の改正を行ったのである[7]。

制定法においては、1991年刑事司法法によってレミッション（減刑）制度を廃止するとともに、仮釈放制度を早期釈放が可能な制度[8]に改正した。レミッションの廃止は、懲罰制度の改正と一体のものであるが、これまで懲罰の1つであった刑務所長の裁定によるレミッション剥奪に代えて、新たに付加日数罰（the award of additional days）を創設した。この付加日数罰は1952年刑事施設法47条による内務大臣の施設管理規則制定権に基づいたものであり、28日を超えない日数内でを早期釈放応当日を延期することになった[9]。

スコットランドにおいても、1994年の刑事司法・公共秩序法によって、民間セクターによる刑事施設の運営の可能性が生じたことと並んで、1994年刑事施設・若年犯罪者施設（スコットランド）規則（Prisons and Young Offenders Institutions (Scotland) Rules）によって、巡視委員会（Visiting Committee）も、イングランドと類似の権限をもつに至っている[10]。

いずれにせよ、1990年代にイングランドおよびウエールズの刑罰制度の構造に生じていることは、「大変化の入口に潜在的にある」[11]ほどの重要な事態である。それだけに、このことを歴史的な転換点と位置づけ、本稿は、この刑罰制度の骨格になっている拘禁刑である懲役刑を軸とする刑罰制度を、その近代的成立の源流にまで遡り歴史的に検討し、近代拘禁刑および刑罰制度とは何であるのか、とりわけイギリスの近代刑罰制度のもった一般性と特殊性は何であるのかを解明し、もって現代社会における拘禁刑の将来的あり方に示唆を得ようとするものである。

　犯罪者処遇の流れが施設内処遇から社会内処遇に移行してきている今日ではあるが、イギリスに示されるように、それとても現代国家の「処罰的な2極分化政策（punitive bifurcation）」[12]の範囲内にあることから、依然として重大な犯罪者に対する拘禁刑を用いた施設内処遇は残されている。施設内処遇は、代替処遇策の尽きた段階での犯罪者処遇最後の拠り所（Last resorts）として、とりわけ長期収容の処遇方法としてなお存続するものと思われる。

　そこで、本稿においては、18世紀中葉から末にかけて、刑事施設法制としてはヴィクトリア朝（The Victorian Age 1837～1901年）後期の1857年刑事懲治法から1897年の刑事施設法の成立までを近代刑罰法制度の確立期として位置づけ、その前史である18世紀、およびこの時期を検討対象とする。

　その際、時期区分との関わりで、本稿にいう近代（モダン。Modern）とは何かが問題となろう。これにつき、D・ガーランドは、近代的形態での刑罰を「処罰・福祉的」両要素を含むものとして捉える。そして、イギリスにあっては1895年のグラッドストーン委員会リポートの公表から1914年の第1次世界大戦開始の間を現代の刑罰制度の実際の確立とする[13]。私なりに解釈し直せば、近代的刑罰の特徴は、抑止的・社会復帰的要素の複合物という点にあるといえよう。グラッドストーンリポートは、それ以前の刑罰法制に見られた処罰的抑止的要素と並んで、初めて福祉的社会復帰的要素を加えた「処罰・福祉」的要素のものであり、このリポートこそが現代に至る刑罰史を貫通しているものだからである。このガーランドの視点は妥当であり、これを踏まえ、グラッドストーンリポートの具体化である1897年刑事施設法の成立をもって、近代法制

の確立とした。

　以下では、18世紀の刑罰制度に触れた後、19世紀の刑罰制度における拘禁刑制度を検討する。

第2章　18世紀の刑罰制度と拘禁刑

第1節　産業革命後の犯罪状況と刑罰

　18世紀末から19世紀前半にかけて、イギリスは産業革命の影響によって、経済、社会構造に著しい変化が生じた。そこでは、エンクロージャー（囲い込み）によって、農村分解が進み土地を奪われた農民が労働者として都市へ集中し、雇用の機会が助長されていたものの、人口の急激な増加のなかで（1781年の人口900万人、1851年2,000万人）過剰な労働力は市場で吸収されるところとはならなかった。当時の改正救貧法（Poor Law）は、浮浪児、遺棄少年、老人、障害者、失業者などにとって公的な救済手段としてももはや機能し得るものではなかった[1]。

　政府は、この事態に1744年、従来の単行法を集成し公共の経済犯として処罰する浮浪者等取締法（The Vagrancy Act 1744）の立法化で対応した。同法は、国内に浮浪者、怠惰で無規律な者の「人数が日々増加し、国内（Kingdom）の著しい醜聞、損害、不快感を示すに至っている」[2]との現状認識のもとに、処罰対象を怠惰で無規律な者、浮浪・漂泊者（Rogues and Vagabonds）、矯正不能な浮浪者に3区分し、1か月の施設収容から7年の流刑まで各々に応じた刑罰を科している。怠惰で無規律な者に対しては、矯正施設（Houses of Correction）に収容し、当時産業化された社会に適応すべき労働規律、習慣を修得させようとするものであった。つぎのような規定を設けている。

　　「出奔し、妻子を教区に置き去りにする脅威を与える者。2名の治安判事の命令により適法に移動させられた教区（Parish）もしくは区域（Place）から、所属地の許可状を所持せずに元の教区・住所に戻る者。その時点で滞在する教区・区域において自活する術をもたず、就業することなく怠惰に生き、かつ他の労働者に類似の仕

事に支払われる有益な普通の賃金で労働するのを拒否する者。さらに居住の教区もしくは区域において、布施を乞うか集めるために路上、公道または通路に身を置く者。彼らは皆怠惰な無規律な者と見なされるものとする。いかなる治安判事も（判事の判断、犯罪者の自白、または1名以上の信頼できる証人宣誓に基づき、法廷でこれにつき有罪判決を受けた）犯罪者を矯正施設に収容し、1か月以内の期間重労働を科そうとするも合法的であり、またあるものとする。」[3]

 とりわけ、都市部において多発する犯罪は、その種類と規模においてかつてない広がりをもつものであった。犯罪規定は、産業革命後の急速に増加した企業・商店の経営、資産、商取引、従業員管理など経済活動に対する刑法的保護の必要性から立法化ないし法改正が行われた「犯罪化」によるものもある[4]。処罰対象は、窃盗、強盗（追いはぎ）などの財産犯のように下層労働者階級、ルンペンプロレタリアートに集中した犯罪のみならず、他の中間的階層の犯罪行為にも及んでいる。
 他方、農村部にあっても、従来、生活慣行により認められてきた慣行行為が、所有権者ジェンリーの保護へと進みブラック法（Black Act1723）が示すように、森林（Waltham Forest）への鹿狩り、野性鳥獣飼育特許地・養魚池での動物捕獲、枝木の伐採などが重罪として犯罪化されるようになった[5]。いずれにせよ、このように犯罪増加の要因として、社会変動と並んで犯罪化を挙げることができよう。

第2節　公開処刑の廃止と刑罰制度の変容
―― 1775年前の刑罰制度 ――

 これに対する犯罪対策の有効手段は死刑による抑止であった。威嚇というより抑止として表現される犯罪予防の効果を主要に担った刑罰は、後述するように歴史的には公開処刑である死刑（主に絞首刑）、流刑（アメリカ、その後オーストラリア）、重懲役（Servitude）、拘禁刑（Imprisonment）と推移していく。この最初の公開処刑は18世紀の抑止効果を主要に期待された刑罰であっ

た。当時の刑罰はコモンローによるものを除いても、約200種類の死刑犯罪が制定法に規定されていた。謀殺のみならず、公道における強盗、住居侵入、5ポンド以上の窃盗、流刑地からの密入国、強姦等に死刑が科され、このため当時の刑罰法規は「血の法典（bloody code）」呼ばれた。死刑に関しては公開の絞首刑の執行は、18世紀を通じて減少傾向にあった。このことは、死刑判決数自体の減少を意味するものでなく、むしろ赦免率の高さを示すものである[6]。この要因として17世紀以降の植民地経済の上昇による労働力の必要性[7]、公開処刑のもつ抑止効果への疑問と、残虐な処刑への国民の嫌悪感の増大、死刑緩和の要求を挙げることができよう。

死刑の抑止効果への疑問は、公開処刑の廃止による非公開処刑に移行した時点で決定的となった。公開処刑に代替する、いわば目に見える抑止刑が流刑（Transportation）であった。1718年流刑法（Transportation Act）によって、北アメリカには独立戦争前の1775年の流刑停止までに3万人の重罪人（the convicted）が移送された[8]。

ところで、18～19世紀には、犯罪者の裁判は罪種によって3種類の裁判所で行われた。第1は、軽罪であり、単独の治安判事か、2名で構成される小裁判所（Petty Sessions）によって審理された。第2に、より重い罪に関しては、正式起訴により年に4度、国（地方）または町村を越えた単位で四季裁判所（Quarter Sessions）が開廷された。第3に最も重い罪に関しては、正式起訴犯罪として巡回裁判所（Assizes）が基本的に年2度（レントおよび夏季）主要な国の首都で裁判管轄した[9]。

このように、重罪は死刑ついで流刑（後に、後述するハルク）へとその刑罰を変えていったが、軽罪は治安判事の裁判権に属し、有罪となった場合、主として鞭打ち刑（Whip）・烙印刑（Brand）・罰金刑（Fine）、拘禁刑（Imprisonment）の4種類の刑罰を科された。オールドベイリー（中央刑事裁判所）において言い渡された刑種の比率は、1770～1774年では、死刑17.0％、流刑（ないしハルク）66.5％、鞭打ち刑・烙印刑・罰金刑14.2％、拘禁刑2.3％であり、生命剥奪および本国追放が8割を超え、拘禁刑は微々たるものであったことが分かる[10]。

ここでいう拘禁形態での収容施設は、民事債務者のプリズン、未決被告人のジェイル（Jail, Gaol）および前述の矯正施設（または教護院 bridewell とも呼称）の3種類の施設に分けられるが、ここでは残りの2施設を刑事施設ということにする。通常、この2者は同一施設に置かれていた。

民事債務者の施設は大規模で衆知のものであるが、刑事手続きによる被拘禁人に比べ施設内での制限は著しく少ない[11]。刑事施設のうち、ジェイルは未決拘禁者および刑執行前の既決重罪者を対象とし、県市町村（county and borough）ごとに設置され、中世の城塞の地下牢から200人収容が可能な大規模のものまであった。分離収容が基本とされていたが、実際には強制されていなかった。総じて、18世紀末葉には、ハワードが惨状を報告しているように過剰拘禁状態にあった[12]。矯正施設は、ジェイルと併設の場合もあったが、貧窮者に労働を科し、勤労習慣を教育して体得させる場であり、収容者に作業場において織物、ロープ、煉瓦等の生産作業を担わせるものであったことから工場の最も早期の原型とさえいわれる[13]。

このように拘禁刑は、いわば軽罪に対応したものであり、言い渡された件数からすれば比率的に低いものであった。しかし、そこには注視すべきことが含まれている。その第1は、拘禁刑の対象となる軽罪自体に関してである。軽罪として犯罪規定（犯罪化）には、当時の社会的貧困に派生する問題とその解決の有り様が投影されていることである。第2は、軽犯罪者の処遇内容に関してである。国家は刑事罰をもって臨みつつ、処遇内容として当時生産過程に必要とされた人間、すなわち産業革命後の労働者規律、モラルの確立を掲げていたといえる側面があったことである。現実には、矯正施設においては刑罰強制として行うがゆえに受刑者の自発的規律の体得は皆無であったし、むしろ羊毛業等の地方の契約企業（工場）主が受刑者の安価な労働力に極度に依存して事業を成り立たせる構造を作りだしさえしたのである[14]。

第3に、矯正施設を含めたプリズンの管理運営に関してである。名目上は施設長は任命権者である治安判事の他、シェリフ、大陪審によって監督されるものであったが、現実には経済的に自立できる状態になく、裁量による恣意性が高く被収容者に対して私益を図る状況も多く見られた。管理運営の程度は、中

央政府からほぼ独立していたこともあり、地方により区々(まちまち)であった。しかし、それは、杜撰さを伴いながらも、地方の自立性[15]に依拠した開放性をもったプリズンであったことを示しており、後の中央集権的で閉鎖的な運営管理と好対照をなすものであった。ハワードがプリズンの参観を申し出たとき、イギリス国内ではそれを拒否する施設長は皆無であったことは、その当時の状況を示すものといえるであろう。刑事施設の開放性は中央集権的官僚機構の確立に伴い次第に消えていく[16]。その開放性の回復の議論は、その後2世紀余りの期間を必要とすることになる。刑事施設の開放性と中央集権的機構が矛盾し合うとすれば、前者を保持し得る、新しい分権的機構を構築する必要があることを示唆するものであった。

第3節　アメリカへの流刑制度の停止
― 1775年以後の刑罰制度 ―

　植民地アメリカの独立はこの拘禁刑およびこれと一体の刑事施設の機能を転換させることにまで波及した。しかし、1775年、すなわちアメリカ流刑停止前まで前述の状況にあったが、それ以降、軽罪のみに適用されていた拘禁刑の役割に著しい変化が生じた。先のオールドベイリーにおける言い渡しの刑種比率は、1790～1794年では、死刑15.9％、流刑（ないしハルク）43.9％、鞭打ち刑・烙印刑・罰金刑11.7％、拘禁刑28.3％であり、拘禁刑比率の急増が分かる[17]。この時点で、主要な刑罰は公開処刑（死刑）から流刑へと実質的に代替している。中央政府および内務省は、死刑は前述したように威嚇力、公的信頼の低下によって、そして流刑は植民地の独立によって、いずれの刑罰も、もはや安定した主要な刑罰とならない事実を自覚し始めた。このことは、死刑による人間の存在自体の否定、社会的抹殺、そして流刑によるイギリス本国からの社会的排除のいずれの刑罰も困難に直面したことを意味していた。

　そのため、政府は、困難となった流刑地アメリカに代わる流刑地を依然として探す一方、他方でイギリス本国内での本格的な犯罪者処遇を模索し始めた。

国内での主たる刑罰にあっては、死刑および流刑に依拠せずに、しかもその刑の執行によって同様の威嚇効果を国民に与え得る、言い換えれば国民が刑罰の峻厳さを感じ取る刑罰を創出しようとした。このことは当時の共有された考えであった。こうして拘禁刑は、これまで軽罪に対するものとして存在したものの、新たに最高刑の峻厳さに代替し、重罪への刑罰として機能すべき時代的課題を担うことになり、またその課題を果たすべき時期を既に迎えていたのである。

しかし、流刑に代替する拘禁刑の本格的検討は徹底しなかった。その原因の第1は、流刑に代替する一時的な犯罪者処遇政策としてハルク（Hulks.監獄船＝受刑者収容船）への収容が開発されたこと、第2に、この間に新たな流刑地としてオーストラリア地域が確保されたことによる（1787年）。これにより、本国内に滞留した受刑者を旧態依然として減少できたことに起因する。

ハルクは、アメリカの独立戦争によって流刑受刑者が滞留したことに、緊急に対処する「国家の植民地およびプランテーションへの流刑に代替し、イングランドと呼ばれる大ブリテンの地域内で」[18]の措置として講じられたものであり、当初テームズ川に繋留した船舶に受刑者を収容し重懲役（労働）を科すものであった。重懲役は河川の浚渫、改修、清掃を含む円滑な船舶運行のための公益作業であった。刑期は、流刑相当の男性重罪者は重懲役を3～10年、死刑相当の男性重罪者は四季裁判所等が重懲役を命じ内務大臣が特定する期間となる[19]。ハルクによる重懲役は、やがて停泊船寄港の都市周辺地域に刑事施設を設置させ、河川から陸上へと処遇施設を変えることになったように、重懲役自体は将来の拘禁刑の原型ともなり得るものであった。しかし、それは死刑および流刑に相当する刑であり、著しく抑止的、儀式的な要素を含む苛酷さを伴う特殊な側面もっていた。

他方、オーストラリア流刑は1868年まで続いた[20]。アメリカへの流刑停止からオーストラリアへの流刑停止までの93年間は、刑罰改革の遅延された期間といってよいであろう。イギリス政府は、流刑による刑執行によって、本国内における刑罰執行という「自国内（ブリテン島）」完結的な犯罪者処遇として問題を検討することを先送りしたのである。この問題は、1877年の中央集権

的な刑事施設制度を画期とし、1895年のグラッドストーン委員会リポートによって理論的に解決をみる。内務省内部では、拘禁刑は、この時代要請に適応した形態で、すなわち流刑に全面的に代替する刑には至らない不徹底な形態で検討が進み、一部の軽い重罪の刑罰として考えられた。

　当時の刑事施設の惨状を改革させ、刑事施設の建設へと向かわせた他の大きな要因として、ハワードなどの施設改良の動きと並んで、伝染病の発生を挙げなけれならない。1750年4月、ロンドンのニューゲート・ジェイルに拘禁の刑事被告人に発生したチフスは刑事施設の改善に大きなインパクトを与えるものとなった。軽微な財産犯罪でしかない被告人が、不衛生な刑事施設に過剰収容されたうえに、「監獄熱（Gaol　fever）」と呼ばれる発疹チフスに罹患したため、裁判官、陪審員、証人などオールドベリーにおける裁判関係者にまで感染し、被告人のみならず広範囲にわたって生命、健康に深刻な危険が生じた。現実に2人の裁判官、ロンドン市長、弁護士が死亡するまでの事態が生じた[21]。こうして刑事施設の内外にわたり公衆の関心は高まった[22]。とくに施設の衛生状態が問題視されることになった。

　こうして、第1に1770年代に生じた刑罰制度の構造的転換の必要性と、第2に刑事施設および収容者の処遇改善の高まりによって生じた刑事施設の危機は、ハルクおよび新流刑地の開発、さらに拘禁刑＝刑事施設を再構成する動き、すなわち刑罰制度の再編成へと向かわせた。これは、拘禁刑による処遇制度が、これまでの地方刑事施設のみに留まっていた段階から、中央政府が関与する刑事施設が登場し、純粋の地方施設と並存する二元的刑事施設処遇の段階に入っていくことを意味するものであった。

　ここで、スコットランドにおける刑罰の状況に触れておこう。当時の刑法典には、イングランドほど死刑規定を置いていなかったこと、3犯の窃盗まで刑罰は緩やかであったこと、自己の犯行への刑軽減の抗弁を認めていたこと等から、イングランドとの比較の範囲ではあるが、刑罰の苛酷さは著しくなかったといえる。もっとも、刑罰として、死刑の執行よりも追放刑（banishment）が常用されており、追放刑によって社会からの排除および抑止の機能は達成されていた。追放刑は下級裁判所による都市・郡（borough, county）

からの追放であり、同所以外での居住する自由を残すものであった。死刑に関してはその執行はイングランドに比べて少なく、また流刑はごく例外的なものでしかなかった[23]。

第4節　オーストラリアへの流刑制度と刑罰制度の再編成
── 1779年懲治施設法の成立 ──

　ヴァンディメン島（Van Diemen's Land. 今日のタスマニア Tasmania）などを含むオーストラリアへの流刑の根拠法となったのが1779年のいわゆる懲治施設法（Penitentiary Act）[24]であった。懲治施設法は、また拘禁刑を軽い重罪者に科す、言い換えれば重懲役を流刑相当の犯罪者に初めて科す規定を置いている。同法は、その他に重罪者への烙印刑を廃止し、これを罰金刑または鞭打ち刑に代替させることも規定している（2条）。以下、このうちの流刑および懲治刑（懲治施設）についてのみ触れよう。

1　流　刑

　まず、流刑に関して懲治施設法は、重罪者の処罰とアメリカへの流刑が多くの困難に直面していることから、四季・巡回裁判所は、流刑で罰し得る重罪者に同年7月1日以降、「アメリカまたは他の地にせよ、海外のどの地域であれ流刑を命ずることができる」[25]とする。政府は、インドおよびアフリカの植民地がアメリカの流刑代替地とならないかを不十分ながらも検討したが、東インド会社はすでに労働力を必要としておらず有罪者の受け入れに対価を求められ、またアフリカは原住民と受刑者が一体となり植民地を崩壊させる危険な状態にあることから、最終的にオーストラリアが流刑地となった。オーストラリアへの流刑制度は、イギリスの植民地政策と密接に結合し、受刑者の労働力がオーストラリアの産業・商業の経済発展に資する面があったものの、流刑自体が重罪者を改善するものでもなく、寛大な流刑は再犯を抑止

するものでもなかった[26]。

のちの1830年代以降、オーストラリアへの自由移民（植民）者との関わりで、自由移民者の次世代によって次第に労働力も確保され受刑者の労働力（ないし購買力）の必要性が低下したこと、さらに受刑者の住民（特に男性）比率上昇への批判や道徳的低下が叫ばれたことなどから、流刑者にも一定期間、集団生活を強制する試みも行われた。やがて、流刑制度は、オーストラリアの自由移民の側からの強烈な反対を受けることになった[27]。本国政府も流刑が「第2順位の重要な刑罰」[28]でありながらも、1861年頃には流刑制度が予想より経費的に安価なものでなく、むしろ利益をもたらさないものであることが判明するなかで、廃止の選択を迫られることになる。

2　懲治刑

つぎに、懲治刑であるが、法案起草者がハワードおよび彼に共鳴したブラックストーン[29]、イーデン（Sir Williams Eden）によるものであるだけに宗教的色彩を含み、またオランダの矯正施設への拘禁刑の影響を受けたものとなっている。この懲治刑である懲治施設制度は、後述するようにベンサム（Jeremy Bentham）の施設設計および施設管理とは対照をなすものであった。懲治施設の収容対象者および目的は、つぎの条文に示される。

> 「流刑が通常科される犯罪で有罪となった犯罪者に、規律ある労働および宗教的教示を伴った独居拘禁が命じられる場合には、独居拘禁は他の者に対し類似犯罪の実行を抑止するのみならず、個人を改善し精励の習慣を陶冶する、摂理に叶った方法となる。」（懲治施設法5条）

ここに、懲治施設の目的が、独居拘禁の形態によって、流刑相当の犯罪者に厳格な規律を通じて肉体的に労働習慣を体得させ、さらに宗教的教示を通じて内心的改悛を図らせる一方で、この処遇を（一般）抑止刑として用いることにあることが分かる。言い換えれば、懲治刑は、流刑に代替しながらも、独居拘禁による処遇の峻厳さを維持することによって流刑と同様の抑止効果を挙げよ

うとするものであり、同時に規律と宗教的改悛によって犯罪者の改善につなげるという、抑止と改善の和解物なのである。ここに、懲治刑は、将来予想される流刑の廃止に即応できる抑止と社会復帰（改善）のいずれをも充足する、近代的刑罰として確立し得るものとなった。

　この懲治施設法に沿った施設建設のために国王は3名の監理者(Supervisors)を任命し、ミドルセクス、エセックス、ケント、サリーの4地方のいずれかに設置し、そのうち2か所は男女重罪者（Convicts）を収容する各モデル施設、すなわち「拘禁と重労働」を命じる「懲治施設」とし国家の事業として建設できるようにした（同5条）。国家は、懲治施設の典型的施設を明示することによって、積極的な刑罰改革、刑事施設建設を促進させようとした。3名の監理委員会は、ハワード、彼の友人フォザーギル（John Fothergill）、病院監理者ワットリー（George Whately）で構成された。こうして、同委員会によって600人および300人収容の男女懲治施設の計画が進められた。とくに、施設の衛生管理は建物、房の構造、配置などに徹底したものとなっている（同33条、37条）。議会は、刑事施設改革の実効性を保証するため2名の刑事施設監察官（Inspectors）の配置も決定している[30]。刑事施設が懲治施設に関わり議会の立法を通じて財政、管理、運営面で次第に中央集権化され始めたことが分かる。

　懲治刑は、具体的には「強盗犯もしくは他の重罪」により死刑相当となった重罪者に対し「国王の慈悲」が適用される場合、裁判所が「特定期間、重労働に付する条件で」同人を懲治施設に拘禁することを認めるものである（同28条）。それゆえ、これまでの1年以下のプリズンへの未決拘禁、さらに軽罪を対象にした矯正施設における6か月以上2年以下の重懲役と並立するものである（同4条）。

　懲治刑は、前述のハルクと共通する刑の適用要件をもっており、その違いは収容施設にある。施設拘禁の特定期間は内務大臣が発する告知書（Notification）に特定されるとし（同4条）、司法によってではなく行刑の責任者である内務大臣の裁量に拠っているところに特徴と問題がある。懲治刑は、減刑制度として政策的に用いられており、司法機関が処遇選択肢として刑期ま

でを特定できる完成した刑とはまだなっていない未成熟の拘禁刑といえる。

懲治施設での処遇に関しては、まず収容時に独居拘禁し身体の清浄後、外科医か薬剤師による検診を受ける（同37条）。独居拘禁は、重労働時間中、および休憩時間中であれ昼夜維持される（同33条）。処遇は労働および拘禁の強度に応じて最強度、中度、軟度の3段階に区分されており、犯罪者は各段階に対応して均等に3分割された各拘禁期間を消化する（同38条）。労働時間は月により変化はあるが1日8～10時間以内で（同34条）、糧食の支給、制服着用（同35条）が義務づけられている。労働は、性・健康状態・能力別に拘禁された部屋において「主に骨折り仕事であり、最も苛酷で奴隷的な種類の労働であって、無知、怠慢、頑固さによって害されることのほとんどないもので、容易に窃取され横領されない材料、機具を用いて」[31] 行われる。釈放時には整った衣類と当座の生活資金の支給を受ける（同37条）[32]。

重視された宗教教誨は、教戒師によって施設内の教会堂において、朝夕の祈祷として、また毎日曜日・聖誕祭・聖金曜日の午前・午後の2度の説教として、さらには病者であるとを問わず精神的救助を求める者に施設長の許可のもとで労働時間外に訪問教戒することによって行われる（同42条）。

行刑当局に関することとしては、施設長の給与が作業収益から支弁されること（同8条）、施設長は組織体（Body of Corporate）に相当し、彼の雇用する職員、監視者、補助者の行為に責任を負うこと（同10条）が明記された。施設長を含む職員の経済的基盤を確立するとともに、管理責任を負わせている。施設長は第3階級の収容者を日々の労働に代えて徴用できる（同39条）。職員による収容者への金品の授与は10ポンド罰金刑もしくは6か月以内の拘禁刑または委員会の指定する処罰を受ける（同36条）。これは施設当局側からの施設の腐敗を防止しようとするものである。

規律の維持と懲罰に関しては、労働を拒否し、またはその他の逸脱行為もしくは風紀を乱す行為をしたと裁定された犯罪者は、監督者によって鞭打ち罰または他の適度の罰を受ける（同55条）。身体的制裁を最終手段とする懲罰による規律維持であることに特徴がある。その他、無許可の飲料物、糧食、衣類の授受は個別違反行為ごとに、双方に10ポンド～40シリングの剥奪となる（同

54条)。

　このように、懲治施設法は、懲治施設の衛生、管理、受刑者の拘禁形態である昼夜独居制、作業（労働）、服務規定など多岐にわたる規定を混在させた、いわば処遇・管理法となっているが、中央政府の統一的な処遇制度確立の意気込みを示すものであった。

　では、懲治施設の実際はどのようなものであったろうか。それには、懲治施設建設を必要とした事情を見ておくことが必要である。懲治施設といった新たな刑事施設を切迫した事態から必要としたのは地方の治安判事であり、中央政府ではなかった。流刑対象者が1775年以降1780年代にかけて、前述したアメリカの独立戦争による流刑停止によって、ジェイルおよび矯正施設（ブライドウェル）に代替収容されたため、これらの拘禁施設は過剰拘禁状態となっていた。治安判事の管轄下にあった非衛生的な施設の建て替えは、地方の州（カウンティ）に多額の財政負担を強いるため容易でない問題で、多くの州では自力での刑事施設の建築は困難な課題であった。

　しかし、後に第2次の懲治施設監理委員会の委員となったイギリス議会内の刑事施設改革派の議員にとって、この地方の施設新築の困難さは、逆に新たな模範的規律の施設を建設する好機であった。このような中でも、議会での懲治施設法の成立以前の1775年に、すでにサセックス州のホーシャム（Horsham）およびペットワース（Petworth）におけるように、自力で新しい刑事施設を懲治施設として建築するところもあった[33]。懲治施設法は、小規模であれ、これら国内の地方における先行的施設の特筆される実績を踏まえた立法化であった。

　典型的懲治施設として、グラスターシア（Gloucestershire）州の懲治施設を挙げることができる。施設は5都市に同時に建設され、1792年に開設された。新施設は、重罪の未決拘禁者用のジェイル、軽犯罪者用の矯正施設、そして懲治施設であった。懲治施設は、概ね前述の懲治施設法の規定に沿ったものであった。懲治施設は、流刑相当の重罪人に対し、昼・夜間用各52室を配置し、収容時に医師による診察、入浴、髭剃り、制服の着用を行った[34]。しかし、深刻な過剰拘禁状態、政治犯の収容批判、新たな刑事施設改革の動きなどによっ

て、18世紀末から19世紀初めにかけて結果的に厳正な独居拘禁は断念するところとなった。

3　処遇をめぐる論争

　この懲治施設法の立法化とその実施の裏面に、処遇をめぐる論争が存在したことに留意すべきであろう。それはベンサムによるものであった。ベンサムは、当初、独居拘禁および宗教的教誨に同意をし、懲治施設法案にも批判的側面を示しながらも肯定的で修正提案をしていたが[35]、懲治施設建設の見通しが立つと受刑者の集団の精励な生産労働を主張するようになった。

　ベンサムは1791年にパノプティコン（panopticon）といわれる一望可能な放射式監視施設の建設提案をしている[36]。これは懲治施設を自由な労働に依拠した工場に見立てるものであり、その施設における受刑者の労働力および生産の維持など管理および運営は政府による規制、介入を受けず、請負契約を交わした企業主の利益考慮に委ねようとするものである。したがって、懲治施設の管理、運営は資本主義企業の自律的な市場メカニズムにまかせるものであり、従来の矯正施設の実践を引き継ぐものでもあった[37]。いわば、今日の民営化の契約刑事施設を彷彿させるものである。ベンサムは、親しい工場主R・オーエンが経営するニューラナーク（New Lanark）の綿織物工場（ミル）に関心を寄せていたが、施設の作業はこのような当時の工場がモデルになっている[38]。

　ベンサムは、企業主に委ねることによって生じるとされた処遇における恣意性および専断性への懸念および批判に対し、2つの抑制措置、すなわち①中央監視塔への公衆の自由なアクセスによる公衆監視、および②ロンドンの年平均死亡率以上の施設には死者1人ごとに5ポンドの制裁金を課すことによる財政面からの規制によって、問題点を回避できると反論している。ベンサムは、これまでに見たハワードをはじめとするブラックストーン、イーデン（Sir William Eden）等の改革立法推進の主流派が説くような規則と監察の立法的規制によっては拘禁の裁量は抑制されるものではないとして、経済的罰と報酬という物質的刺激によって規制を説くものである。議会内での論争は、その後

1810年、ベンサム案が内務省の拒否にあい政治的敗北することによって最終的に決着を見る[39]。

立法化された重労働、宗教的改悛、独居拘禁、国家による法的規制・監察という懲治施設法の基調は、法律主義と宗教的で特異な、つぎの処遇観に支えられたものといえるが、しばらくは行刑において影響をもち続けることになる。

　「犯罪者と呼ばれることになる幾多の行為の真の、多様で、複合的な全性質をほとんど理解することなく、素朴な観念でもって、改革者たちは犯罪者をすべて単なる『罪深さ』の結果であると分析し、しかもこの見地の範疇から、人為的産物である『改悛』が犯罪に対して広く単的に救済になると判断した」[40]。

他方、ベンサムの説く懲治施設における資本・労働関係の自律性を通じた、それゆえに独居拘禁の形態に改善効果を認めるものではない処遇は、資本主義的な工場労働のアナロジーであり、それだけに社会的背景と「合理性」をもつものであるが、国家刑罰の中央集権的編成の歴史的流れの中では、戯画化されざるを得なかった。皮肉なことに、パノプティコンは一体となった全体構想としては退けられたが、後に建築様式としては取り入れられた。

第5節　小　括

以上、本章において、18世紀の産業革命後の都市化、犯罪の激増状況によって、刑罰制度に変化が生じ、公開処刑の廃止、アメリカ流刑の停止、ハルクの採用、オーストラリア流刑の開始へと至る一連の流れを見てきた。なかでも、第1に近代の刑罰制度の確立といえる拘禁刑が、すでに軽罪者に対し矯正施設に拘禁し重懲役を科すものとして地方の刑事施設に存在していたこと、第2に、流刑停止を過渡的に補完するハルクに重罪者に対する重労働が存在したこと、第3に、1779年懲治施設法によって流刑相当の重罪者に対し重労働を施設内で科す国家レベルでの拘禁刑が登場したこと、を見てきた。このことは、イギリスの主要な刑罰は歴史的に死刑から拘禁刑へと単純に移行したものでなく、流

刑ないしハルクという重要な中間項をもっており、拘禁刑を死刑の直接的な代替物とする見地を覆すものであった。

　ハルクを除き、18世紀の矯正施設および懲治施設における拘禁刑の理念の中に、近代刑罰の確立といえる抑止と改善、言い換えれば処罰と福祉の両要素の萌芽を認めることができた。しかし、独居拘禁と宗教教誨に支えられた「処遇」にあっては、受刑者は個人主体として尊重されるものではなく、現実には刑を受け管理される客体に留まっていた。ここでは、受刑者への生の、体罰による支配が担保されていた。この時期には、施設の規律・秩序の維持および懲罰の世俗化、法定化、合理化を制定法の中に見いだすことはできず、19世紀を迎えることになる。

第3章　ヴィクトリア期における拘禁刑

第1節　19世紀前期の刑事施設

1　犯罪増加と第2中央刑事施設の建設

　中央政府の管轄する刑事施設である懲治施設（Penitentiary）建設は、遅々として進展することはなかった。先に見たようにグラスターシア州などの地方において類似の新施設が建設されるに留まっていた。国家による刑事施設建築の事実上の回避は、計画推進者であったベンサムによる新施設設置に係る土地買収を棚上げするものでもあった。この政府による拘禁刑受刑者の収容施設建設の「遅延」の理由としては、第1に、1779年の懲治施設法成立後にオーストラリアへの流刑地が新たに確保されたことがある。第2には、国内外の事情から政治課題の中心が他に逸れたことによる。すなわち、1789年のフランス革命、その後のフランスとの貿易・経済封鎖のなかで1793年から1815年にかけて、加速していたイギリスの産業発展は中断され、後退を余儀なくされ、これによって生じた貧困と悲惨な社会状況は極に達していた。しかし、この国内状況は刑事施設建設への関心にではなく、国外フランスとのナポレオン戦争（Napoleonic War, 1805-1815）に向けられてしまったことによる。軍隊に体力のある貧困者を膨大に吸収したことで、矯正施設（ブライドウエル）の収容水準を一時的にせよ抑制することができていたのである。

　イギリスのナポレオン戦争は、フランス人捕虜のイギリス国内での施設収容を一時的に増大させるものであった。1815年の戦争終結後の束の間の平和はあったものの、戦後の除隊による人口変動、産業化および都市化による人口増と経済的混乱のなかで、正式起訴犯罪のみならず略式収容で刑事裁判に付された

人数も急増していった[1]。

労働者人口の増加とフランス革命に見られた彼らの社会変革の動きによって、1824年には労働者の団結を禁止していた法律（The Cobination Act）が廃止され、労働者階級の組織が合法化され、「内務省においてピール（内相）の改革によって実質的に影響を受けたのは法と秩序（の維持）にあった」[2] 事態を迎えた。後の1832年選挙法改正（Refom Act 1832）に至るチャーチズム（Chartism）などの社会運動および労働者階級への対応と並んで、とくに大量の犯罪現象と犯罪者に直面して、国家は以下の2点において従来と質的に異なる対抗措置を採った。

その第1は、1829年が画期となる法と秩序の維持のための新しい警察制度の導入であり、この警察組織によって犯罪への予防的対応策を採り始めたことである。トーリー（Tory）党政権下の1822年1月、内務大臣ピール（Robert Peel）の議会での言説に示されたように、犯罪と無秩序の程度が既存秩序と国家に脅威を与えているとの社会認識があった。これは、これまでの犯罪対策が刑罰とその確実な執行によって国民の犯罪行動を抑止しようとするものであったのに対し、新たに組織された警察力の一機能によって直接的な犯罪予防と鎮圧の措置を講じさせることに結び付いた[3]。予防警察の必要性は、19世紀の支配的なエリート集団であったホイッグ（Whig）党、トーリー党に共通に擁護され説かれたものであった[4]。1829年、犯罪予防を主要目的として、実験的にロンドン首都地域に警察組織が設置され、その後これがモデルとなって警察組織は30年間に全域に及んだ[5]。この警察制度は後述するように、刑罰制度の変更のなかで、1840代後半から犯罪者の仮釈放（Ticket-of-leave, 許可状赦免）の際に社会内における警察監視の機能を担うことになっていく。

その第2は、1823年の監獄法の部分改正に見られる、中央政府による刑事施設改善の本格的な着手である。18世紀末からも、刑事施設は例外的なグラスター、サウスウェル（Southwell）などの地方刑事施設は別として、依然として、その惨状に変化はなかった。それは、先に見た1779年懲治施設法における懲治施設建設は回避され続けたことによる。1791年には、最初の監獄法と呼ばれる法律がさらに議会で成立していたが、実施に移されることはなかった[6]。この

ため地方刑事施設の惨状はなおも社会的批判を受けていた[7]。1810年、議会内では、刑罰執行の現状に対して厳しい批判がロミリー（Samuel Romilly, 1757-1818）卿によって展開され、死刑措置の活用を緩和すること、死刑に実質的に代替する第2順位の刑罰を開発すべきこと、全国的に懲治施設を設置すべきこと等が説かれた。内務大臣はハルフォード（George Holford）を長とする彼を含めた現行法規定を検討する特別委員会の設置を言明した。翌年の5月末、委員会の最初のリポートによって、新しい懲治施設建設が確実となった[8]。

こうして、1812年に着工し、予想を遥かに超える建築費を伴ったことで遅れたものの、1916年に国立のミルバンク（Millbank）懲治施設が完成した。第2の中央政府立のモデル的刑事施設は、1842年にペントンヴィル（Pentonville）懲治施設として設置された。中央政府による刑事施設の管理運営が開始される時代を迎えた。このことは、中央政府立と地方の治安判事管轄の2元的刑事施設の制度が遂に現実化し、それはまた刑事施設の中央集権化を促進する第一歩でもあった。

このように、犯罪の大量現象と社会的「無秩序」を前にして、従来と質的に異なる犯罪対策・犯罪者処遇の積極化、組織化が促進され始めた。それは同時に、政府が社会内に特別な対策を必要とする累犯の犯罪者集団が存在するとの認識をもち始めたこと、そして流刑、ハルクの制度廃止によってイギリス本国内における犯罪者の処遇が決定的となるにつれ犯罪者を類別し処遇する措置を取り始める道を進むことを意味していた[9]。

では、国立の懲治施設の設置によって、19世紀前・中期の刑罰制度どのように変化したのであろうか。

2　モデル国立懲治施設とその波及効果

中央政府の直接の統制下に置かれた国立のミルバンク懲治施設は、ロンドンのテームズ河畔にハルクと並置されし、皮肉にもベンサムのパノプティコンの影響の強い建物であった。施設職員は施設長、医官、教戒師、工場長、女子寮長（Lady Morton）、その他の職員から構成されていた。収容対象地域がロン

ドンおよびミドルセックスという都市地域であることから、1818年には独居室を4人収容する過剰拘禁状況にあったし、主食のパンの配分に関わって暴動が発生した。また1823年の冬には施設収容者中にチフス、赤痢などの伝染病が発生し、31人の死者を出した。このような事情から、拘禁形態に関しては、当初、本来の完全な独居拘禁は実施されず、刑期を2段階に区分し、第1段階において労働と宗教教誨を伴う独居拘禁、続く第2段階において生産労働に従事させその間雑居拘禁を採るものであった[10]。

施設管理は、ピット（William Morton Pitt）、ベッチャー（Thomas Becher）など行刑経験のある委員の含まれる施設運営委員会が財政・議会への年次報告の責任を負うとともに、職員の任免権限をもち、毎月、実際には頻繁に開催されることによって担われた。有給の上級職員である刑事施設長が、実際の施設における拘禁および規律の維持に当たり、受刑者の規律違反に対しては、特別に重大なものでないかぎり、管理委員会に付託することはなく、裁量により懲罰を科すことができた[11]。ここでは、受刑者の規律違反に関して、国家の行刑機関内部での裁定、科罰のみが存在しており、後に見られる治安判事を含めた司法の手続き的関与がないところに特徴がある。

開設当初、施設における収容者の重大な規則違反行為には、降級罰、減食を伴う暗室への屏居罰が科され効果的だったとされる。開設10年後には鞭打ち罰があり、女子収容者には1817年まで体罰が科された。これら以外の罰は比較的穏健なものであった。1789年法の懲罰規定に沿ったものといえるであろう。

このように国家の豊富な財源を基にした中央政府立の重罪者を収容する懲治施設も施設管理および収容者の処遇において、決して地方および将来の刑事施設のモデルとなり得るものではなかった。この背景には、新懲治施設とそこでの処遇は設立当初、一般国民の社会内における衣食住の生活水準を凌ぐものであったが、このことが犯罪者にふさわしい処遇ではないとの社会的批判に晒され、峻厳な刑罰執行と社会的貧困層の生活水準と変わらない施設内処遇へと推移したことがある[12]。政府が地方刑事施設のモデルとなる施設の建設に踏み切ったのは、流刑およびハルクの廃止を展望せざるを得なくなった1840年代

以降であり、それが成人用のペントンヴィル懲治施設であった（1842年）。その間に少年用の懲治施設パークハースト（Parkhurst）懲治施設も設置されている（1840年）。この懲治施設の建設後6年間に、これを踏襲した54の新施設の建設が進展し、1万1千人分の独居室が新たに生まれた（後述）。

ペントンヴィル懲治施設は、強固な区分（29インチ壁）が施され、作業、起臥寝食の終日の独居拘禁（Solitary confinement）に耐え得る居室（12・8・10・フィート）によって、受刑者の分離拘禁を可能にする独居拘禁形態の施設であり、道徳的・宗教的改悛を図ろうとするものであった。当初、同施設は、オーストラリアへの流刑前の18か月間、若年、初犯の重罪者を500人収容できるものとして構想された[13]。これは、当時の刑事施設監察官であったクロウフォード（William Crawford）およびラッセル（Rev.Whitworth Russell）によって、アメリカ合衆国のフィラデルフィア（＝ペンシルベニア）制として知られた厳正独居拘禁に感銘を受け、この独居拘禁制度の修正されたイギリス版である分離・独居拘禁制度（後述）と採用されたものである。そこでの労働、宗教的改悛、自己規律、当局への従順によって犯罪者の改善を図ろうとした理念は、現実には独居拘禁の期間に比例した精神異常者の続出であった。このため、さきの2名の刑事施設監察官が死去した1847年以降、拘禁期間は12か月、さらには9か月へと短縮されていかざるを得なかった[14]。

しかし、この国立のモデル施設に続いて建設された地方刑事施設のウェークフィールド（Wakefield）、グラスゴー（Glasgow）、プレストン（Preston）にあっては、この昼夜の独居拘禁のもつ閉鎖性を自覚したこともあって、国立懲治施設と異なる雑居拘禁の収容形態を採用するに至っている[15]。

いずれにせよ、膨大な予算を背景に、重罪者に対する国立の懲治施設が設置され、これに地方の刑事施設の建設が部分的にせよ連動したことによって、重罪および軽罪の犯罪者に対する国家・地方の2元的な拘禁刑制度が軌道に乗り、始動するに至った。しかも、このことは、後述する1835年刑事施設法によって、監察官制度が確固としたものとなり、その管轄領域が地方の刑事施設、矯正施設、懲治施設全般に及んだことによって、施設の直接の管轄権は別としても、刑罰執行に対する中央政府の統制力が画期的に強化され貫徹されること

を意味していた。

3　重罪者の拘禁形態

　ここで、拘禁形態はイギリス独自の性質をもっている側面があるので、これに触れておこう。拘禁形態を巡る論争は、前章でみたように1789年懲治施設法の制定過程にもあったが、受刑者とりわけ重罪者の拘禁形態に関わって、流刑およびハルクの廃止が現実化するにつれ、引き続き展開されている。

　一般に、拘禁形態は、独居拘禁（solitary confinement）制と雑居拘禁（mixed confinement）制とに大別される。そして、これら独居拘禁と雑居拘禁とを結合した折衷的で混合的な拘禁形態に沈黙制（silent or Auburn system、オーバン制）[16]と呼ばれる昼間交流雑居および夜間分離独居の拘禁形態がある。

　独居拘禁は、昼夜間の完全な分離である①厳正独居拘禁制（solitary or Philadelphia system、ペンシルヴェニアまたはフィラデルフィア制）[17]といわれる。この夜間の独居拘禁は維持しつつ、昼間のみ集団行動はあるが他の受刑者とは分離し接触を物理的に全く困難にしたものに、②独居・分離拘禁制（separate or　separation system）があり、後述するイギリスの1835年、1839年の刑事施設法に基づくペントンヴィル懲治施設においては、夜間の独居拘禁および昼間の分離拘禁のこの制度が採用されていたと見てよいであろう。

　後述の拘禁形態論争においては、さらに③沈黙交流拘禁制（silent association system）が登場する。これは②の独居・分離拘禁の昼間の拘禁度をさらに緩和し、集団行動・労働作業を交談禁止下で保障する制度であり、昼間雑居に着目すれば、部分的雑居拘禁制と特徴づけられ、「沈黙雑居制」として雑居制の範疇にも一部入るものである。これは、さらに進み、夜間においても交談禁止の雑居拘禁を採れば、「完全沈黙雑居制」となる。

　このように拘禁形態には、それぞれにヴァリエーションがあるが、本稿ではこの②独居・分離拘禁（制）を単に「分離独居拘禁（制）」といい、①の場合には「厳正独居拘禁（制）」ということにする。この厳正独居拘禁は、1779年

懲治施設法における福音主義的な（"evangelical"）拘禁形態であり、整備した個別居室のある施設のため設置・設備面において極度に高価なものとなるが、監視を含め施設の秩序・規律維持は容易であることに特徴がある。

これに対し、④雑居拘禁刑は、施設収容者の単なる混禁・雑居状態をいうのではなく、自覚的な昼夜の雑居拘禁を制度として採用したものを基本としている。前述の「完全沈黙雑居制」もこの範疇に入れてよい。雑居拘禁制の登場は後の時期になるが19世紀後半では2種類の例を挙げることができよう。1つは、マコノキー（Capitain Alexander Maconochie）が、流刑地オーストラリアのノーフォーク島において1838年に導入した点数制による累進処遇制度の一段階に見られものである。他の1つは、クロフトン（Sir Walter Crofton）によって創案されたアイルランド制（Irish system）の一段階であり、1856年以降採用された拘禁形態である[18]。マコノキーによれば、刑事施設は外部社会との緊密な接触が残されるべき小社会であり、受刑者自身の選択で他の重罪受刑者と交流および労働をし、労働と善行により点数を得て進級し、悪行によって降級し、糧食・衣類・行使できる自由の程度に変化をもたせるので、規律・秩序維持のために体罰および物理的強制は不要とするものである[19]。

4　立法による施設の中央集権化

この拘禁形態を踏まえたうえで、1820年代以降の刑事施設法制の推移を見てみよう。この時期から、刑事施設制度は合理化と統合化に向けた顕著な動きが現れた。地方の諸州は蒸気機関車の考案による鉄道システムの整備によって、容易に収容者を移送する手段が確保されたことによって小規模の矯正施設を次第に閉鎖し始めた。しかし、このことは収容者数の減少を意味せず、収容者数は一定数のままで推移していた[20]。

1823年には、ジェイルおよび矯正施設の地方刑事施設に関する法律は24の単行法によって規定され累積されていたが、これらの法律が集成され、全文78条、3付則からなる統合された法律として立法化された。この1823年刑事施設法は、「安全な拘禁をもたらすのみならず、より効果的に収容者の健康保持と

道徳的改善を図ること」を目的とし、「施設の規律保持と犯罪者の改善に肝要なこととして、適当な分類、監視、定役および宗教的・道徳的教示」（1条）を挙げる。このために、「独居拘禁、監督、労役について規定した現行法が修正および追加によって、なお統一的で厳格に効力をもつこと」（同条）を企図した。この立法の特徴は、①巡回・四季裁判所によって任命された巡視判事（Visiting Justices）は刑事施設を四季ごとに3回以上視察をし、その報告を内務大臣に行うこと（16条）、②巡視判事、教戒師からの年次概況報告書は、議会提出のため内務大臣に提出されること（24条）など、地方刑事施設からの中央政府への責務を明示したところにある[21]。

しかし、問題点としては、第1に、同法が対象とした刑事施設は、17都市の施設に限定され、ブライドウエル刑事施設、ミルバンクおよび前述のグラスターの懲治施設、ハルク、民事ジェイルおよび約150の市町村（borough）の施設は除外されたこと（76条、付則A）、第2に、立法が強制力および強制的監視機構をもたなかったことにある。ただ、適用除外とする規定を設けたことは、逆に劣悪で小規模の施設を将来的に廃止か、統合するかに向けて集権的な国家的誘導措置が示されたともいえる。これらの問題は、1935年の立法において明確となり、解決されることになる[22]。

1829年の「ピールの法律」といわれる首都圏に始まる警察制度の導入は、犯罪の予防に重点をおくものであったが、これは逆に警察組織が公共秩序維持のために、従来のごく軽微な社会的逸脱行為とされた犯罪（浮浪者、暴飲者、売春婦、若年治安紊乱者）に対して積極的な介入をし、結果的に「犯罪化」の法執行を促進するものでもあった[23]。

1830年から40年代は、ヴィクトリア期（1837〜1901年）の初期にも当たるが、社会状況の認識として、立法過程への影響力を持つ「上・中流階級の人は、いったん溢れる水が注がれると土手が決壊し、洪水が起こるような衝撃の走る風潮がある、との亡霊を抱きながら生活していた」[24]。このことからも、危機感をもった社会状況の認識が政府に共有されていたといえるであろう。そして、社会的に衝撃を走らせかねないとされた犯罪者に対し、刑事政策分野において執られた対応措置が、施設の中央集権による統一化、合理化の促進であり、そ

の指向する建設・運営拘禁形態のモデル施設を地方の治安判事に示したのがペントンビル懲治施設の建設であった（1841年）。

この前者の措置が、1835年刑事施設法の制定である[25]。同法の画期的な内容は、内務大臣（担当主務国務大臣、His Majesty's Principal Secretarien of State）および同大臣の掌握する監察官（Inspector）が権限を行使することによって、スコットランドを含む大ブリテン島全域の刑事施設に対して中央政府の統制が及ぶ確固たる基盤を確立したことにある。具体的には、第1は、「内務大臣は自身で、または同大臣が書面で特定した者によって、大ブリテン島内の刑事施設、懲治施設、収容者施設および収容者に対し、同大臣の適当とする時期に巡視・監察を行うことは合法である」（10条）とし、中央政府の直接的統制を巡視・監察の方法によって可能にしたことにある。

この行政内部の統制に対し、第2は、監察官制度を確立し、刑事施設の監察の現況を議会に報告させたことから、施設の行刑の執行状況が立法機関である議会（ないし国民）によって公的監視と統制を受ける可能性をもつに至ったことにある。監察官制度は、①内務大臣による任免、②「未決拘禁施設、矯正施設、懲治施設、刑事施設、またはその他の拘禁場所」の職員または被給与者に対する尋問、関連文書の閲覧・査察および関連事項の調査、③監察状況に関する年次報告書の内務大臣および両院への提出、および　監察妨害行為の処罰によって構成されている[26]。刑事施設に対する政府の行刑実務が統一化され始めた。

他方、政府は後者のモデル建設の措置は現行の刑事施設制度が犯罪抑止効果をもたず、犯罪率が急速に上昇している状況への解決策だと判断していたのである。犯罪の学校と化した地方刑事施設に代わるペントンヴィル懲治施設は拘禁形態において新しい（分離）独居拘禁制を採ったが、これは恐怖の刑罰となった厳正独居拘禁に代わるモデルの拘禁形態であった。しかも、流刑によってオーストラリアに移送される前に重罪人を改善する効果を上げる拘禁処遇形態とも考えられた[27]。

5 スコットランド刑事施設の中央集権化

スコットランドにあっても、前述の社会状況は同様であり、一方で警察制度の導入と他方で劣悪な地方刑事施設の改革が始められた。警察は1833年に各市町村（バラ）に設置された[28]。ここでは、刑事施設制度の変化に限定して見ておこう。19世紀の20年代は、地方のジェイルにおける民事負債の拘禁人の栄養失調状態が問題となり、生命保持の栄養補給のため施設内の自己留保金を保障する立法化に示されるように、施設の環境は最悪のものであった[29]。地方刑事施設の惨状は、新施設の建設と拘禁形態について早急な報告書の提示を求めるものであった[30]。

30年代に入り、少額民事負債者のジェイルでの拘禁を廃止することなど改革の手立ては打たれるなど徐々に改革が進められたが[31]、改革の画期となったのは、1939年の刑事施設（スコットランド）法の成立であった[32]。同法は、イングランドにおいて見られた中央統制とは異なる形態との合理化を図る道を辿るものであった。さきに見た1935年法に基づく刑事施設監察官による監察の年次報告書は、スコットランドにおいて1836年2月3日付の初年度の報告書、続いて翌年2月25日付の第2年度、翌々年3月13日付の第3年度の報告書として議会に提出されてきた。これらの年次報告書は共通して、刑事施設の惨状を問題視し、強く改善を求めるものであり、そこから導かれたのが新制度を確立することであった。

> 「スコットランドの刑事施設は安全の保証のなく住みづらい状態にあり、そこに規律の良い刑事施設制度の採用を認めようとするのは不可能なことある。収容者（プリズナー）を不道徳な仲間から完全に分離し遂げ、しかも宗教的・道徳的な訓育を与え、かつ有益な労働に従事させることを通して、善良で精励な習慣によって訓練することが得策である。刑事施設を供給し維持し、同施設の収容者を扶助する責任は、古来の法・慣習から市町村（バラ）に負わされている。処罰および犯罪の鎮圧・犯罪者の矯正に有効な手段を採用する見地から、より安全で便益的な刑事施設の建設のために、また同施設の良好な運営および整然とした刑事施設規律制度の確立のために準備が整えられるべきである」[33]。

この現状と改革の必要性を踏まえ、同法は州から市町村への建設資金援助と行刑組織機構の改革を提示する。資金措置を受けて出来上がった行刑組織機構は2層組織、すなわち地方刑事施設は州委員会（County Board）の直接的な監督・運営下に、そして新設の総合刑事施設（The General Prison）はパース（Perth）に置かれた刑事施設統括者総合委員会（以下、総合委員会という。）の管理下に編成された[34]。こうして刑事施設は、①当時あった178地方刑事施設のうち21施設を閉鎖するとともに統合が進み、②新たに重罪者用の400室からなる総合刑事施設をパースに新設する段階を迎えた。両刑事施設とも運営は地方の管轄下にあった。ただし、中央政府が総合刑事施設の総合委員会の人事権をもち、また同総合委員会が州委員会の人事権、指揮権、委員長の会議傍聴権等を掌握したとによって中央の支配は強化された[35]。総合刑事施設は、1840年に着工され、1859年に完成しているが、後に総合委員会が廃止されたため、新設の管理委員会の下に置かれた[36]。

6　流刑とハルクの変質

　刑事施設の見直しは、刑罰制度における従来の構成要素の見直しを意味していた。中央政府にとって、刑罰目的としては抑止効果を依然として第一義に捉えることに変化はなかった。しかし、死刑は既に抑止効果を失いつつ非公開へと移行し、また死刑に代替する流刑も前章で先取りして見たように、植民地オーストラリアおよびイギリス本国双方にとっての流刑のもつ経済的損益効果、そして何よりも両諸議会内での流刑廃止議論の高揚を背景として、第2順位の刑罰の転換が日程に上り始めた。流刑そしてハルクの廃止は、同時に拘禁刑が従来と質的に異なる機能を担うことでもあった。それは、死刑、流刑、ハルクに代替して拘禁刑が刑罰制度の主要な抑止的役割をもつ形態にまで高めることでもあった。詳しい検討は次節に譲るとして、流刑およびハルク廃止の議論に触れておこう。とくに、流刑地における種々の拘禁刑制度の試行錯誤の試みは、本国に多大な影響を後に与えており、これが受刑者処遇の実験として活かされたと見ることができる点で重要である（後述するグラッドストーンはオースト

ラリアを所管した植民省（Colonial Office）の政務次官および長官の職にあって、過剰拘禁緩和策の流刑改革構想に賛同していた）[37]。

まず、流刑に関して見ると、初のオーストラリア総督マッコーリー（Lachalan Macquarie）が赴任し統治した1809年から1821年は、刑余者に対する進歩的措置を講じたことから、同地は犯罪者植民地として繁栄した。

> 「植民地が存立して最初の30年間（1788年〜）、いかなる重罪者も監禁または処罰の施設管理に似た様式に全く支配されることはなかった。主に重罪の刑余者が所有した小住居で生活した重罪者は、雇用主と共に働き、食べ、酒を飲んだ」[38]。

流刑の重罪人といえども、刑期に対応した一定期間の低賃金の年季労働はあったものの、満期となれば全くの自由市民であった[39]。しかし、本国における1815年のナポレオン戦争終結とその後の経済不況は、重罪犯罪者を急増させ、結果として流刑者数を急上昇させるに至った。しかも、当初の飢餓、悲惨さのある流刑が消え、経済的成功者の話も伝わる中、ニューサウスウエールズ（NSW）州への家族を伴った流刑を希望する重罪者も出た。こうして流刑の抑止力は薄れてきた。しかも、シドニー（Sydney）における人口の大半が一貫して犯罪者であったとの1835年警察・治安判事リポートに指摘されたように、刑余者の人口比率、商店、商業等における経済的影響力の高さは、社会的発言権を増大させ、犯罪の多さと併せて、「重罪者」は自由植民者に不安を与えてきていた。1830年代に入り、NSW州での流刑者の受け入れ拒否の動きは、イギリス政府に、一方で流刑者受け入れの態勢と処遇内容の変更を、他方で流刑の代替物の模索を迫るものとなった[40]。

前者については、1818年にイギリス政府が重罪者植民地の調査を監理官（Commissioner）ビッグ（John Thomas Bigge）に委ねたが、18か月後のその結論は、移入初期段階で流刑者に対して厳格な統一した規律を強制し、「重労働、並の食事、不断の監視」の下に置く厳しい政策であった。イギリス政府は、重罪流刑者による腐敗と犯罪多発化を回避してヴァンディメン島に流刑地を移動させる1840年までの以後20年間、重労働を初期段階で科す政策に転じた[41]。

1840年5月、流刑地を大陸部のNSW州からヴァンディメン島へと変更し、また新たな施設化を一部伴い、全流刑者に対する「保護観察制度」[42]を導入することになった。この保護観察制度は同月から4年間実施された。メルボルンにおける公会議は、「追放（Exile）」者を地域限定をして受け入れた[43]。この制度は、島に雇用の機会がなく、また追放者の雇用主へは税加算があったため、効果がなかった。同年マコノキーは、イギリス本国で終身刑を言い渡された受刑者に、善時制を伴う点数制による累進制度をノーフォーク島で実施した（本節3参照）。

　他方、後者のイギリス国内での流刑問題は議会において、植民地での批判も反映しつつ展開された。イギリス政府は、ビッグリポートを実施することよって流刑重罪者に対する初期段階の規律維持を図っていたが、1837年には、流刑に関する特別委員会（モーレスワース委員会）が設置され、翌年流刑制度に批判的なリポートが公表された[44]。流刑制度の転機となったのは、植民省長官グレイ卿（Lord.Earl Grey）のもと、内務大臣グレー（Sir George Grey）による積極的理解のうえで、1847年、与党「ホイッグ党（The Whigs）」が、イギリスの将来の刑罰政策を特徴づける改善的な刑罰改正の代替制度を採用した」ことによる[45]。これは重罪者に3階級制の累進処遇を実施するものであり、最初の2段階（①分離独居拘禁、②監視下の公共労働）を本国で、第3段階（許可証付き「追放」生活）を植民地で送ることになった。

　このようにして、1840年代には、流刑制度はイギリス本国の重罪者懲治施設において処遇の第1段階として無害化された流刑者を受け入れる制度、すなわち本国での拘禁処遇を前提にした制度に変化にしたのである。しかし、本国内で全重罪者を「処遇」できる段階ににはなく、すなわちこの時期の懲治施設は収容能力という物理的面からも、またハルクを用いたとしても、重罪者の改善・無害化という処遇目標の質的面からも、負わされた課題に応えられるものではなく、流刑制度の新しい構想も、さらに新たな対応をしない限り破綻せざるを得ないものであった。

　つぎに、流刑の緊急避難的措置でありながら恒常化したハルクは、19世紀に入ってどのように変化したのであろうか。「この時期（1835〜1850年）のハル

クの歴史は流刑の政策および執行に緊密に追従しており、バーミューダ (Bermuda) 島の基地およびジブラルタル (Gibralter) の (ハルクの) 場合には植民地・海軍方針の結末にも影響をうけた」[46)] との指摘があるように、ハルクは、時々の、①イギリス本国における重罪者処遇の質的量的程度（重罪者の処遇手段の有無、量刑分布、流刑人数）と、②流刑先のオーストラリアにおける重罪人受け入れの質的量的許容度（処遇度、人数）との相関関係にあって、両者の緩衝調整の機能を担うものであった。ハルクは、創設当初、流刑停止による重罪者の本国滞留を消化する応急措置であったが（1776年）、その後オーストラリア流刑の開始当初（1787年～）は前者①から後者②への上下の一方的流れがあった。しかし、この流れは、流刑廃止の議論の高まり、重罪者処遇の抜本的代替策の未提示、すなわち懲治施設の本格的利用・建設の未確立、そしてハルクへの安易な依存、これらが絡み合う中で、次第に留まり始めた。この際に、常態化したハルクがこれらの緩衝策として最大限活用されたのである（収容ピーク、1842年）。もっとも、この緩衝機能は、政府が借用し流刑者の一時集禁所とした地方刑事施設も部分的に担っていた[47)]。

いずれにせよ、ハルクは、それ自体が「処遇」に値しないものであり[48)]、流刑の従属物であるが、流刑制度の消長と運命をともにせざるを得なかった（1875年、ハルク廃止）。ハルクは、船舶内での収容、作業に留まらず、周辺の港湾作業を含み、さらに陸上で作業、収容まで（ハルク陸上部分）を含むまでに変化していたことから、やがては、その寄港地は、後述の重罪刑事施設の新設地へと採って替わることにもなっていく[49)]。

7 重罪者の本国内処遇への道

19世紀前期末、いいかえればヴィクトリア前期を飾る拘禁形態をめぐる論争は、第1に、行刑実務の要職に分離独居拘禁論者のジェブ (Sir Joshua Jebb) が就き、行刑監視の実権を把握してリーダーシップを発揮し始めたこと、第2にこの法的根拠を与えた1939年、1940年、1850年の各法律など一連の刑事施設関連法が成立したこと、第3に、ジェブの立案下で政府の重罪者処遇のモデ

ル施設であるペントンヴィル懲治施設が設置、運営され始め（1842年）、これが国立刑事施設および地方刑事施設の建設、拘禁形態のモデルとして波及する端緒となったこと、以上の3点によって決着をみた。これによって従来の福音主義的な厳正独居拘禁から、技術合理主義的な視点からの一応の決着をみたといえるであろう。また、この過程にこそ、イギリスの刑罰法制を特徴づける軍隊規律的行刑が浸透する端緒があったと見ることができる。「19世紀の刑事施設制度の真の設計者はヨシュア・ジェブであった」[50]との指摘はこのことをいい当てている。以下、この3点について詳述しよう。

(1) ジェブによる行刑への軍隊規律の導入

ペントンヴィル懲治施設は、アメリカのペンシルベニア制の厳正独居拘禁を修正し、沈黙制の移用と分離制の創設というイギリス風にアレンジした分離独居拘禁制の施設であった。このモデル施設の発案は、アメリカ視察で感銘を受けた刑事施設監察官W・ラッセルおよびW・クロウフォードであった。そして、この建設に関する実務を担ったのが、同じく分離独居制論者のジェブであった[51]。彼は、1844年に新設の刑事施設を統括監督する監視総監 (Surveyor-General) に就任した。しかも、同時に、陸軍刑事施設の監察総監 (Inspector-General of Military Prisons) を兼務するものであった。

次第にイングランド管区の監察官 (Inspectors of District) であるW・ラッセルおよびW・クロウフォードは、「彼ら (2人) の職域に公認されることなく、ジェブが侵入してきたと感じ」[52]、刑政の手法を巡りジェブと軋轢を生じ始めたが、1847年の両監察官の死去によって「いかなる敵を生み、あるいはいかなる誤りを犯していたとしても妨げられることの全くない現場がジェブには残された」[53]。後述の1850年法によって、ジェブは各地に建築の進む重罪者刑事施設の監督官 (Directors of Convict Prisons, 3人) の長に陸軍中佐 (Lieutenant-Colonel) として就任するに至る。

ジェブの刑政への一連する関わりは、行刑実務が内務大臣によってではなく刑事施設監察総監によって事実上掌握されたことともに、拘禁形態において分離独居拘禁制が支配的となったことを意味している[54]。とくに、一般および陸

軍の一体化した刑事施設の監視総監・監察総監の兼職体制は、続くヘンダーソン（Hendderson）中佐、そしデュ・ケーン大尉へと継承されて、行刑制度の特徴をなしたことは注視すべきであろう[55]。この根底に、中央政府が、軍と民（一般）の刑事施設の規律を一対のものとして把握し、この一体化を促進しようとした意図があることを看取することができよう[56]。

ここでは、民（一般）の刑事施設の規律が、軍事規律違反に対する懲罰施設の規律とのアノロジーによって想定されており、これがその後イギリスの刑罰法制を特徴づけ、20世紀まで維持されてくることになる。

「受刑者を厳格に分離することに伴う優位性は十分に確証されており、またあまねく認められている。長期の細心の調査の結果、イングランドにおける民（一般）刑事施設の立法には、すべてその（厳格な分離拘禁の）制度が適用されている。我々は躊躇なく、軍刑事施設における懲罰は一般の刑事施設（ジェイル）の懲罰と比較されるべきではない、との結論に至った」[57]。

いずれにせよ、拘禁形態論争は、さらに1850年代以降、福音主義的論者である内務大臣G・グレイ（Sir George Grey）による沈黙雑居拘禁制との間に展開されるが、ジェブの分離独居拘禁制論の優位と行刑実務の支配によって終始することになる。

「ジェブは常に分離拘禁の熱烈な支持者であった。概して、刑事施設規律についての彼の見地は、福音主義的（evangelical）であるよりは軍隊調のものであった。彼の出現は、刑事施設規律で優位な様相を示してきていた宗教的熱狂を制して軍隊的態度と実務的常識を明示するものであった」[58]。

こうして、ジェブは海軍、陸軍からの多くの支持を受けながら、行刑へ職業軍人を続々と迎え入れることを実行した[59]。

(2) 分離独居拘禁制の導入

この分離独居拘禁制は立法的根拠をもつものであった。すでに、1823年刑事施設法によって、受刑者の収容分類制が規定され「本法によって指示される分

類と分離独居拘禁（separation）を実施すること。……全受刑者は各自の区画に収容され、または拘禁される」(5条) ことになっていた[60]。しかし、これが地方の刑事施設へ強制力をもたず、法規定が実効性をもち始めたのは、1835年の監察官制度の導入以後であった (3参照)。

1839年、議会は、モデルとなるペントンヴィル懲治施設の運営に対応して分類制と分離独居拘禁制を採用し、これを治安判事の裁量下にあった地方刑事施設の規律・処遇形態にまで適用する刑事施設法を成立させた[61]。同法は、治安判事を含む施設管理者にこのための規則制定権を与えるとともに、内務大臣にその実施に至るまで適合性を確証し、これを書面で示すことできる権限を付与した (2条)。このようにして、分離独居拘禁制の採用は、治安判事には規則制定の余地を与え施設管理にかかる既得権を保持させる一方で、その行使権限は中央政府の支配を受けるという、いわば従来の地方権限に対する直接的な支配、すなわち刑罰制度における中央集権を促進するものであった。

この地方刑事施設の場合、施設の管理・受刑者の処遇に関しては、この時点で治安判事と中央政府との「妥協」が図られ、これが長く刑事施設制度を支える構造を規定するものになっていく。いずれにせよ、以下の規定により、分離独居拘禁は厳正独居拘禁とは異なるイギリス特有の形態として、刑事施設制度の運営の変更を伴いながら、導入されていくことになる。

「被拘禁者を個別に分離独居拘禁する規則が施行されるいずれの刑事施設にあっても、被拘禁者同士の交流に起因する悪風感染を防止するため、いずれの被拘禁者も、同人の拘禁刑の刑期中、その全部または一部期間、分離して独居拘禁されるものとする (3条)。本法規定による分離独居拘禁 (separate Confinement) は、時限期間を超えた厳正独居拘禁 (solitary Confinement) の継続を禁止する法律にいう厳正独居拘禁と見做されてはならない (4条)」[62]。

(3) 重罪者の本国施設内処遇へ

分離独居拘禁制論者のジェブの強い影響下にあって、また1839年刑事施設法に基づく中央政府の諸権限を背景にして[63]、流刑およびハルクに替わる本格的な重罪者用の刑事施設の建設が、地方および中央政府で進められた。1842年

開設となったペントンヴィル懲治施設をモデルとして、ハルクからの転用を含め6年間に54か所、1万1千人の分離独居室を備えた刑事施設が建設された[64]。これが「ヴィクトリア期の刑事施設」といわれる1世紀をはるかに超えて利用される刑事施設となる。地方施設にあっては、ミドルセックスに最初の重罪者刑事施設として建設された[65]。これらの施設は、分離独居拘禁制に対応して、昼間には集団的ではあるが厳正に沈黙を強いられた「沈黙下の重労働」(以下、重懲役という)、そして夜間には居室での独居拘禁を保障する設備を備えていた。

1946年オーストラリアへの流刑の部分的廃止が始まる。これは同時に重罪者、言い換えれば長期受刑者の本格的な刑事施設内処遇の開始でもあった。すなわち、このことは、重罪者までをイギリス本国内で完結し処遇できる制度を設け、部分的(流刑の前段階)にせよ、これによって受刑者を大量に処遇する道を切り開くものであり、刑罰制度の中に、重懲役の拘禁刑を受刑者処遇の新たな「第2順位」の本格的な近代的刑罰として制度化する時代に向かったことを意味する[66]。①分離独居拘禁制の施設を導入する制度的保障のために、1842年には内務大臣の認可計画に沿った地方刑事施設の新増改築に対しては市町村へ資金を貸与する法律を設けた[67]。さらに1844年には、改めて　内務大臣がもつ施設の新増改築認可権を確認するとともに、②同大臣が新規に任命する監視総監に対し、認可事項および時宜に応じて大臣が委任した建設関連の諸義務の遂行状況を報告させ、③監視総監には刑事施設の建設・管理権者である治安判事等に対する勧告権を与えることによって、中央政府の分離独居制に沿った建設計画の強力な実施体制を支える規定も設けた[68]。

被拘禁者を監視人として用いることは施設規律の面から禁止されたことによって(1839年法6条)、地方の市町村は、看守経費の負担を恒常的に伴う交流雑居制よりも、一時的に建築経費がかさむものの、日常の看守の人件費を節約することのできる分離独居拘禁制を採る施設の方が、政府による認可・財政援助による強力な誘導もあって、一層利点が多いと考えるに至った[69]。さらに、1850年刑事施設法によって、前述の「重罪者刑事施設の監督官」制度が確立し[70]、すべての刑事施設を中央政府の統括下の統一基準に置く刑政

制度が法制上、整備されることになった。

この拘禁形態を巡る論争はなお続くが、後述の通り1865年にはひとまず決着をみることになる。

第2節　1877年刑事施設法の成立と刑事施設の規律

本節においては、1851年以降の刑事施設の状況および法制の推移とともに、中央集権的な刑事施設制度確立の画期となった法制である1877年刑事施設法について触れる。

1　正式起訴犯罪の減少

「飢餓の40年代、急進的な30年代」と表現されたのとは異なって、1850年代は比較的穏やかな社会状況が生まれてきた。この相対的に穏健な社会階層の関係は「均衡の時代（The Age of Equipoise）」を迎え、これが1860年代、さらには70年代初めまで続いた。この状況は、イギリスの国際的な商・工業における経済的展開と連動するものであった[71]。これに、1853年の工場法などの労働立法の成立によって低賃金、長時間労働、少年労働等の労働条件、雇用状態に改善が図られるなど、政党間にあって「社会改良は共通理解の事柄」であった[72]。

社会秩序の維持は、軍隊によって最終的な担保がされていたが、1830年代以降、新設の警察組織が前面に出て、財産、住環境等の保護に積極的に関与する形態に変化してきた[73]。犯罪状況について司法統計からその一断面を見ると、刑事手続きに付された正式起訴の犯罪者（＝被告人）は、1841年から1871年までの30年間において、急激な人口増にもかかわらず総数および人口比において減少傾向にあったことが分かる[74]。とくに1855年には刑事司法法（Criminal Justice Act）の成立によって、従来の正式起訴犯罪の一部が略式起訴犯罪として分類されたことは、この減少の重要な要因であった。同法は、単

純窃盗および治安判事が5シリング以下の価値と思料する財物窃盗・同未遂の場合、被告人の同意により略式裁判とし、3か月以下の拘禁刑を科すものであった[75]。しかも、窃盗罪に限定して正式および略式起訴率（男子）を10万の人口比で見ると1857年の459が、1891年には329には減少している。いずれにせよ、犯罪「統計」上、犯罪の逓減傾向を看取できる[76]。

2　重懲役法の成立と流刑・ハルクの廃止

では、刑罰制度は、1851年以降どのように変容を遂げたであろうか。その特徴としての第1は、流刑およびその最終段階としての追放（Exile）については、オーストラリアでの重罪人受け入れ拒否の高まり、そして廃止が挙げられる。第2の特徴として、前述の通り、これと相関関係にある重罪者収容施設である刑事重懲役（Penal Servitude. 以下、重懲役という）施設の建設の進展があり、またこれと一体の重懲役制度（後述）、すなわち本国内での重罪者処遇の法制度の成立を挙げることができる。この一連の経緯を追って見よう。

1852年、第3の重罪者刑事施設はポーツマスに開設され、その地に繋留されていた老朽化した2隻のハルク（York号, Stirling Castle号）からの重罪者を受け入れた[77]。

1853年以降のヴァンディメン島への追放、すなわち流刑者をまずイギリス本国の懲治施設に一定期間収容し、その後本国外へ赦免追放することも、同島内で彼らの数に対応した労働の機会の保障ができず、また人口構成において「重罪者」数が移植民および原住民数の倍以上となったことからも、遂に困難を迎えることになった。もっとも、反対に西部オーストラリアは流刑者の受け入れを表明し、現実に移送受け入れに応じた地域も一部にあった（1853年600人、1862年782人）[78]。ともあれ、重罪者流刑＝追放を巡る容易ならざる事態に対応した打開策として、同年、刑事重懲役法（Penal Servitude Act. 以下、重懲役法という。）[79]が立法化され、流刑者の一部、すなわち14年未満の刑期の重罪者に対する本国内完結の処遇を一部実施することに踏み切った。これは、14年未満の刑期の流刑廃止（1条）を意味するものであった。

1853年法は、「海外への犯罪者移送が困難なことから、特定の事例にあっては流刑に代わる他の刑罰に換えることが得策である」(前文)との見地から、流刑代替制度を採用したものである。重懲役は流刑をそのままではなく、新たな制度として置き換えを行い、流刑のもった抑止効果を維持しようとするものであった。まず、期間の読み換えでは、7年以下の流刑は4年以下の重懲役に、7年〜10年の流刑は4年〜6年の重懲役に、10年〜15年未満の流刑は6年〜8年未満の重懲役に、15年の流刑は6年〜10年以下の重懲役に、終身流刑はそのまま終身重懲役とされた(4条)。重懲役は、裁判所の裁量によって科すものであったが(2条)、裁判所は14年以上の流刑に代替する重懲役については、流刑との科刑選択の裁量をもった(3条)。重懲役は、その中心は重罪者を公益作業に従事させることにあるが、刑の最初の段階では分離独居拘禁が行われる。同重懲役法によって、刑執行の最終段階において流刑および重懲役の受刑者には許可状による条件付の早期釈放が与えられ(9〜10条)、取り消しの場合再収容される(11条)[80]。

　重懲役の主要部分をなす公益作業の内容は、従来ハルクにおいて課されていた補修、営繕などの地上作業から、この間に懲治施設および重罪者刑事施設において実施されていた作業までを含んでいた。実際には、重懲役制度は累進処遇として、すなわち第1段階での分離独居拘禁(12か月間、後に9か月間)に続いて、第2段階での昼間の沈黙交流による公益作業(夜間の分離独居拘禁)、これに第3段階のレミッションによって許可状での条件付釈放が可能となる総体を含むものである。第3段階における刑期満了前の許可状による釈放は、内務大臣の裁量によるものであり、後述するようにレミッションに消極的な内務大臣グレイは、早期釈放を意味する許可状による釈放を躊躇し、刑事施設側の自動的な釈放措置を厳しく叱責し、実務上混乱が生じたりしていた[81]。こうして、実施に移された重懲役の適用人数は年2,000人を超えるものとなった[82]。

　さらに、1857年には、刑として流刑の言い渡しを全面的に廃止するとともに、刑期に関わりなく重罪者に対し流刑に代わる重懲役を科す改正重懲役法が成立した[83]。これによって、流刑制度は法制度として事実上廃止されることになった。同法によって、過去の流刑への遡及適用されると重懲役刑の刑期は下限が

3年にまで引き下げられた（2条）。

この重懲役制度の採用は、流刑およびハルクの廃止（1857年本国内で廃止。注48参照）と一体のものであった。こうして、重罪者を本国内において本格的に処遇する端緒が切られたことから、その受け皿である重罪刑事施設の建設が一層促進されるところとなった。1853年にはブリクストン（Brixton）に女子刑事施設（720人）、1856年にはハルク停泊地のチャタムに刑事施設が建設された。

この行刑制度の転換期にあって、中央政府の内部で、政治責任のある内務大臣グレイと実務を掌握していたかつての統括監察官（Surveyor General）のジェブとの間に軋轢が生じ、これがジェブの死亡の1863年まで続いていた。

3　重懲役を巡る政府と実務の対立

このジェブと内務大臣グレイ（Sir George Grey）間の葛藤は重懲役の処遇理念およびレミッション（減刑）基準をめぐる路線対立として処遇実務上表面化した。

グレイは、ピール内閣からグラッドストーン（W.E.Gladstone）内閣にあって、1846年から1865年の間、内務大臣を務めた典型的なホイッグ党貴族であった。内務大臣グレイの基調は、社会の激変に直面して、国家は国民生活の諸局面に十分な統制を行い、場合によっては犯罪などの社会的苦境を打開するためにこれを活用すべきとの確信にあった。彼は、福音主義精神こそが公私の生活において重要性をもつとし、この考えを行刑分野にも取り入れようとしていた。しかし、彼は1849年以降、内務省の業務を事務次官（Permanent Under Secretary）のウエディントン（Haratio Waddington）に委ねたが、次官の実務的助言を受け入れることはなかった。とくに、グレイは、オーストトラリア流刑のあり方をめぐっては、国内犯罪率の増加予想に対応し流刑再導入の議論があるなかで、これを拒否し、流刑者を国内での処遇後オーストラリアに移送する権限を行使することはなかった（1861年）。流刑制度の廃止の方向が固まり、「いったん国内における刑事施設制度の拡充に踏み切ると、グレイの下で

内務省および刑事施設当局は国内の刑罰規律の確立に惜しみない協力をした」[84]。内務省当局は、重懲役刑の満期執行を社会防衛と再犯防止の観点から主張しており、グレイもこれを支持するとともに例外的ケースのみに恩赦があるべきとしていた[85]。

他方、この間の一連の刑罰改革の推進役を担ったのが、1850年に最初に重罪刑事施設監督委員会長に就任したジェブであり、この就任によって彼は内務大臣の介在なしに個別の刑事施設長に直接的に行刑につき指示が可能となっていた。1853年重懲役法における流刑と重懲役との刑罰換算数基準はジェブの発案[86]とされるように、刑罰制度改革に実質的権限を掌握していった。ジェブは、グレイとは分離独居拘禁形態がプライバシーと平穏を保障することで受刑者が自己抑制、健全な道徳、キリスト教的習慣を向上させることができるとすることでは共有するところがあったが、その極端な長期化した形態は抑欝、人格の堕落などの弊害が生じることから、期間を短縮（12月→9月）すべきとの考えであった。したがって、重懲役刑制度は、累進的処遇として分離独居拘禁に続いて科されるもので、公益作業にその特徴と重要性を認めるものであり、また処遇の最終段階で許可状による早期釈放へとつながるレミッションが公益作業等を通じた「勤勉（精励さ）と善行」への報奨として与えられるものであった[87]。

すなわちジェブにあっては、受刑者を兵士と同様に、厳しい軍隊的刑事施設に収容し、そこにあって「勤勉と善行」によるレミッションという「展望」を与えつつ、厳格な規則と「貧しい食事とベッド」という抑圧的で、劣悪な条件下で公益作業を課そうとするものであった。ジェブは、標準的な1,200人収容の刑事施設を「壮大な国営工場」であり「兵器工場」として位置づけ、ここにあって、受刑者が勤勉の習慣に価値を置き、これによって受刑者の道徳的向上を助長しようとするものであり、労働者階級の犯罪者には、秩序、規則正しさ、および清潔の習慣を繰り返し教え、体得させるべきとするものであった。ジェブにあっても、キリスト教的雰囲気は規律ある組織と同様に、生来の習慣に対し改善効果を及ぼすものではあったが、重点とはなっていない。ジェブは、この軍隊的規律の施設作業を少年および女子の刑事施設にあっても、基本に据え

ることを考えた。これに対し、グレイは、彼ら少年および女子には、不幸な前歴に鑑みて、福音主義の信念に支えられた温情的で宗教的・道徳的な接触こそが重要であるとするものであった[88]。

とくに、重懲役刑における累進処遇の第3段階で早期釈放を導くレミッションを巡って、両者は内務省（グレイ、ウエディントン）とジェブとの間で対立した。この背景には、当初レミッションは流刑者の植民地における許可状による釈放を意味したが、1853年の重懲役法成立後は本国内で重懲役受刑者が釈放されるように変化しており、国内の治安と直接に連動する問題となっていることがあった。

グレイは、①レミッションは抜群の受刑者に対して例外的に当局の裁量で与えられるものであること、②許可状による釈放は刑の抑止効果を減じ、流刑廃止前の植民地にあっては重罪者を自由植民者と同一に置くものであること、③重懲役刑は流刑に比べてすでに十分に短期の刑となっていることなどの理由から反対していた[89]。これは、受刑者に刑を施設で満了させることから生じる過剰拘禁、暴動を避けることを可能にする行刑実務上の懸念を解消するものであった[90]。内務大臣グレイがレミッションを抑制しようとした考えの背景には、レミッションが国内の重懲役受刑者に適用されることに対し、早期釈放による治安悪化を懸念する首都警察委員会および国民による批判があったこと、また1856年の両院の流刑に関する特別委員会が流刑＝重懲役刑を同一換算するリポートを公表したことなど、これらが援護的な議論として存在していたことも挙げられる[91]。

内務省は、レミッションの性格を、受刑者の善行と規則順守を基準に慈悲と恩情の裁量によって賦与されるもので、重罪者の権利ではないとしていた。とくに、主要な刑罰が重罪者を国内から排除、追放する死刑、流刑から重懲役刑へと転換したことによって、国内において国民に生じる犯罪、治安への不安感を取り除き、重懲役刑が名実ともに確固として犯罪抑制に資するものであるとの安堵をあたえる必要から、内務省はレミッションにつき制限的な強硬路線を取った[92]。

内務省は、局面打開のため、レミッション基準の検討を行刑経験のある専門

家のマコノキー（Alexander Maconochie）に委ねた。彼は、集団労働がもつ道徳的改善効果とともに、達成された労働量を点数化して用い報奨を与えるならば物理強制なしに、規律のある改善ができるとした。内務省は、当初達成した労働量を考慮して施設内における行状評価を行うことに共感していたが、内務大臣グレイは、このマコノキーリポートを刑事施設監察官のジェブ、ウイリアムズ（John Williams）に回覧し同意を求めたものの反対にあった。もっとも、グレイは受刑者の勤勉と善行にレミッションでの優位性を認めたものではあった。ジェブは、マコノキー案は原犯罪の罪質よりも、施設での行状を基に釈放を考慮するものであるが、労働による点数の獲得は犯罪者の改善を神聖化するものではないとした。このため、グレイはジェブに点数制の採用を強いることを敢えてしなかった。ジェブは、1854年、バッジ区分による4階級制、および行状による昇降級、優遇（報奨金、糧食、外部交通権等）の賦与・剥奪による独自の分類方式を採用した[93]。1863年のジェブの死後、初めて実験的な点数による階級制度が導入された。

　レミッションを巡るグレイ対ジェブ論争は、グレイが累進処遇に点数制を導入しようとした時点で変化したと考えられる。グレイは、一貫して重罪者を分離独居拘禁することによって改善を図ろうとした福音主義者であったが、持論に固持せず、内務省当局者の労働点数制へ賛同する功利主義的見地（マコノキー案）を許容したことで、彼らと妥協をしている。そして、ジェブの積極的なレミッション活用政策は、受刑者を社会内の貧窮者より劣位（劣位原則。注12参照）に置き、劣悪な条件下で公益労働させることを前提とするものであり、内務省支持案とは裁量的にレミッションが賦与されること、その評価基準が原犯罪を重視し「勤勉と行状」よって行われることに違いはあるが、本来のグレイ案ほどの隔たりはない[94]。ただ、1863年まで、ジェブの個性に支えられ、行刑制度に浸透した刑罰政策は、福音主義的な宗教的な処遇理念（グレイ）を乗り越え、世俗化された処遇での前進面はあるものの、軍隊的規律の色彩を濃厚に滲ませたものであった。

　ジェブの機械的な、実務処理的処遇観は「重罪者の個別性格に合わせるのではなく、大量集団として処遇すべき」とするものであり、重懲役受刑者の「決

まった義務仕事（の遂行）を正当に監視することが、重罪者のためになされるべき効果のあるすべてである」[95]とするものである。ここには、処遇の個別化はみられない。しかし、厳しく柔軟性のないとされた重懲役刑は、大量的な犯罪現象と増加する刑事施設人口に一面適合した「処遇」として、同時に軍隊的規律を特徴として持ち続け、一世紀を超えて制度化されることになった。いずれにせよ、重懲役刑は流刑およびハルクの代替物となると同時に、犯罪者に恐怖心を与え一般国民に「信頼」を得られる労働を伴った刑罰、すなわち重懲役刑が刑罰制度において枢要な位置を占め得るものとなったのである[96]。

4 カーナボン委員会リポート

中央政府は、一部の重罪者を本国内において重懲役を科し処遇する措置をとり始め、そのモデル的な重懲役施設の建設および処遇形態を提示したものの、これは地方の刑事施設における犯罪者処遇に影響を及ぼし得るものではなく、旧態依然とした状況が続いていた。とりわけ、地方のバーミンガム（Birmingham）およびレスター（Leicester）両刑事施設に対する中央の査察委員会による調査によって、過酷で悲惨な処遇実態が明らかにされ、地方刑事施設が受刑者を分離拘禁し適切な刑罰を科し改善するには困難な状況にあることが示された[97]。この地方刑事施設の悲惨な実態への公的関心は、一部分とはいえ重罪者を本国内において処遇すること、まして本格的に重罪者を本国内において施設内処遇することへの脅威と結び付き、1860年代初頭のロンドン市内の路上における強盗犯罪数の激増と相俟って、犯罪者処遇を本格的に検討する委員会の設置を導くところとなった[98]。これが、1863年のカーナボン（The Earl of Carnarvon）を委員長とする上院の刑事施設の規律に関する特別委員会（委員11人。以下、カーナボン委員会という）である[99]。

カーナボン委員会は、ペリー（J.G.Perry）らの内務省の査察委員会が提示した諸勧告を擁護するものではなく、累進処遇への消極論を除き、ジェブの見地を踏襲するものであったが、イギリスの刑事施設の運営形態および犯罪者処遇において、総体としてハードな路線を取り、将来に抜本的な影響を及ぼすリ

ポートを完成させた。カーナボン委員会において、刑事施設監察長官ジェブは、刑事施設としては国立ペントンヴィル刑事施設がモデルとなり得ること、長期受刑者用に用意された規模の大居室は不要とし地方の州施設にあっては経費節減のため、大小2種類の分離独居拘禁の居室を1対3の比で設置すべきこと等を、内務大臣グレイに進言してきたと証言した[100]。

　カーナボン（委員会）リポートは、勧告として、①地方刑事施設において速やかに分離独居拘禁制を採用すること、②厳正独居拘禁は例外的に懲罰として用いられること、③重労働は拘禁開始後6か月を最小期間とすること、④短期受刑者を除き、受刑者に踏み車踏み等の重労働を課すこと、⑤懲罰として一層の重労働、減食、暗室への独居屏禁、体罰が有効であること、等を提示した[101]。リポートは、分離独居拘禁と結合した踏み車踏みなどの重労働こそが「刑罰的規律の主要な要素」を形成し、懲罰としての減食も「刑罰的規律に適合する有効な要素」とするが、この点に刑事施設における規律維持と懲罰の一体となった関係がよく示されている[102]。

　また、このリポートによって、受刑者を社会の下層勤労者の生活水準以下に置き、「刑罰の抑止的要素である重労働、粗食、粗末な板床」（第8節）での施設生活を強いる劣位原則が受刑者の処遇基準として明示されている（注12参照）[103]。これは、極端な形態で次期の刑事施設監察長官デュ・ケーンの時代に徹底される悲惨な恐怖の時代を導くことになる。カーナボンリポートを「人道主義的感情の痕跡も、犯罪者を改善する兆候も全く含まないリポート」[104]と評しているのは至当といえる。

　このカーナボンリポートによって、軍事刑事施設の規律をモデルとし、体罰を懲罰として担保した分離独居拘禁による、労働自体が意味を特別にもつものでない重労働を重罪者に課す施設内処遇の統一的基準が設定されることになった。これは、従来の軽罪者用の地方刑事施設（ジェイル、矯正施設）を廃止し、重罪者基準の刑事施設へと実質的に統一化を図ろうとするものであり、逆に重罪者を全国の処遇施設に配置する条件を作り出すものでもあった。

5　1865年刑事施設法と過酷な懲罰制度の成立

　1865年刑事施設法[105]は、カーナボンリポートを具体化するとともに、13に及ぶ旧法を統合するものであった。とくに、ハードな路線のリポートの諸勧告が議会内で全くの抵抗もなく立法化されたことは注目される。その背景には、都市部における犯罪の急増と地方行刑における慢性的な犯罪者処遇の惨状があり、これが中央政府の豊富な財源に支えられた行刑による中央集権化を導いたのであった。同法によって地方政府が従来もっていた刑事施設における自立的諸権限を大きく喪失することになった。その特徴は、第1に、中央政府が地方当局に法律の順守、履行を条件とする刑事施設運営の下賜金を賦与または撤回できること（35条）、第2に、内務大臣は基準に適合しない施設を閉鎖する権限をもったこと（36条）、第3に、刑事施設の職員定員を確定したこと（10条）、第4に、受刑者を職員の代替として雇用することを禁止したこと（64条、付則162節）にある。

　しかし、同時に注目すべきことは、中央政府と地方との妥協的側面である。とくに、受刑者の規律秩序の再違反行為とそれに対する懲罰において、地方当局と一体である治安判事は、巡視判事として懲罰権限を保持し得たのである（58条）[106]。この中央と地方当局の妥協の産物である巡視判事（その変化としての後述の1877法の巡視委員会。）の懲罰権限は、1991年まで存続したのである（序参照）。

　分離独居拘禁制下の刑事施設における違反行為としては、①施設規則への不服従、②他の受刑者への暴行、③誹謗・中傷、④卑猥行為、⑤教会における不敬行為、⑥職員、受刑者への侮辱、脅迫、⑦礼拝への無許可欠席、⑧重罪者の作業嫌忌、および⑨重罪者の意図的な作業ミスが挙げられている（1865年刑事施設法、付則1、57節）。施設長は、裁定によりパンと水のみ給与する3日以内の屏禁を命じ得る（同）。再違反行為の場合、巡視判事は施設長からの通告に基づき裁定により、1か月以内の懲罰室への収容、または重罪者もしくは重労働の言い渡された受刑者のとき個別矯正を命じ得る（同58節）。その際、緊急時に手足枷または物理強制は24時間以内で、また日常的に鞭打ちの体罰は施

設長および医官（Surgeon）の立会下で許容されている（同58、59節）。

　いずれにせよ、懲罰制度の特徴として、第1に、懲罰の対象が宗教教誨および重懲役を伴う分離独居拘禁の形態に即応するものであること、第2に、懲罰が屏禁、減食、物理的強制、体罰など、処遇における劣位原則さえも放棄するものであること、第3に、違反行為被疑者は施設長への不服申立のみ認められるものであること（57節）が挙げられる。これらは、その後の近代懲罰制度の原型といえるものであった。

　1865年刑事施設法の特徴として、同法の付則に「刑事施設管理規則」を規定し、受刑を含む収容者の処遇基準、施設長の日々の巡回義務、懲罰の記帳義務など刑務官に関する詳細な行為準則を規定しているが[107]、同法は施設の管理運営に重点を置いたものであって、受刑者等の処遇と施設管理を統一することは全くはできておらず、全体として「不寛容と復讐の精神」[108]が基調となっていることを指摘できる。

6　重罪者の処遇法制の確立：重懲役刑の重罰化等

　この間、他方で1863年には、ジェブの死去後に、グレイ卿（Lord Grey）を委員長とする流刑および重懲役刑に関する王立委員会のリポートが公表された[109]。このリポートは、そのなかに重懲役刑の長期化に反対し、刑の満了執行を説くコックバーン（Sir Alenxander Cockburn）による微温的な批判的少数意見も存在したが、多数意見による重懲役刑を著しい恐怖の刑罰とは考えない立場に抗するものではなく、むしろと一体となって、翌1864年、「転換点を刻した」[110]とされる重懲役法を容易に成立させることへとつながった。ジェブの死後、彼の重罪者刑事施設総監督官のポストは同じく生粋の軍人である陸軍中佐ヘンダーソンに引き継がれ、さらに彼の招聘したデュ・ケーン（Edmund Du Cane）大尉が、1869年以降1895年まで占めることになる（注56参照）。こうして、受刑者への「抑圧のねじ締め」[111]が行われ続けることになったのである。

　時間的に前後するが、1864年重懲役法は、前述の1865年刑事施設法と一部重なり合うことになるが、その規定は専ら重罪者に限定したものであった。そ

の内容は、重懲役刑期の下限の引き上げ、および許可状による釈放者（＝仮釈放者）の社会内監視・予防的拘束などが挙げられる。これは、流刑廃止後の重罪者の本国内処遇を前提にして、処罰の強化を図り、また重罪者に対する警察監視および拘束を容易にすることによって重罪者処遇体制を確立し、重罪者を本国内において処遇することへと政策転換することによって生じる市民の治安への不安感を払拭することに眼目があった[112]。

7　刑罰の再編成

こうして、重罪者を本国内で処遇する政策的な大転換が現実化するなかで、その他の犯罪者処遇においても変化が見られるようになった。1866年には民事負債による拘禁が廃止され、施設の腐敗の重大な要因が除去された。また、1860年代までには、ジョージア王朝時代（1714~1830年）にほぼ集成された伝統的封建的時代を特徴づけた刑罰、すなわち枷、鞭打ち刑用縛り柱、公開絞首刑台、重罪者船を使用した刑罰は廃止された[113]。また、労働運動の高揚のなかで、1867年以降、罰金刑が拘禁刑に代えて科されること促進され、拘禁刑の言い渡し数はそれまでの3分の2まで落ち込んできた[114]。1868年1月には最後の流刑（追放）の重罪者船Hougoumont号が西オーストラリア州フリマントル（Fremantle）に到着し、「追放」に変化していた流刑制度も廃止された[115]。

他方、1869年には、新たに重懲役刑が科されない「累犯者」に対して刑期終了後にも7年以内の警察観察を言い渡す制度が採用され、また国内での重罪者、とりわけ許可状による釈放者による再犯に対応した許可条件違反の規制強化、犯罪者登録制度などの政策立法など、その後の累犯対策につながる立法が見られようになった[116]。

8　行刑組織の中央集権化：1887年刑事施設法

1874年、政権の座に返ったディズレリー（B.Disrali）保守党政権は、他の社会・福祉的サービス立法[117]と並んで、流刑廃止後の刑事政策の変更に迫ら

れていた。1876年、内務大臣クロス（Asheton Cross）は、1832年以来次第に監察制度を通じて拡大してきた中央政府による地方の刑事施設の管理・運営に対する関与を、国有化という「最も極端な中央集権化の立法」[118]によって徹底したものにしようした。この根拠とされたのは、①地方刑事施設の現状を踏まえ統一した施設規律を確立すること、②規律・措置を命じる組織が必要なこと、および③そのための財政負担をすることからであった。しかし、ハワード協会の委員であるリーランズ（John Rylands）議員が、この中央集権化に反対し、施設規律の不統一が必ずしも欠陥ではないこと、地方当局のもとで刑事施設における労働、作業の改善は可能であるとしていたことは特筆に値する[119]。しかし、刑事立法成立に影響をもつハワード協会（Howard Association）は、行刑の中央集権化を巡っての混乱があったが、最終的に内務大臣の不要なジェイル廃止の権限を評価し、極度の集権化を強調するものではない立場から法案に賛成した[120]。

このようにして成立した1877年刑事施設法は[121]、同法の特徴として、①内務大臣は、ずべての刑事施設に対する管轄権を掌握し、同施設の管理維持費はすべて国庫支出とすることによって、地方自治体が従来もった施設への行政権限を、ほぼ喪失したこと（4条）、②内務大臣の任命する刑事施設管理委員会（Prison Commissioners）が、監察官の援護のもとで、刑政、行刑実務の執行にあたるように機構の編成が行われたこと（6条）、③地方の四季裁判所、治安判事は巡視委員会の構成において刑事施設に対する限定された権限を依然としてもつこと（13条）、を挙げることができる。この第3の点は、地方当局が唯一保持した巡視委員会（Visiting Committees）であり、この委員会の一機能として、受刑者の重大な規律違反行為に対する裁定機能がある。他の機能は、刑事施設の査察および被収容者の不服申立の受理にある。

以下、同1887年刑事施設法の特徴について詳述しよう。第1の刑事施設の国有化は、それまで地方政府がもっていた刑事施設の供給および維持管理に関する独自の施設管轄権と義務を喪失するものでもあった（16条）。しかも、内務大臣は、大臣令によって特定の刑事施設を廃止する権限をもつことになった。

ただし、大臣令は議会の両院に提示することが義務づけられている（33条）。第2の刑事施設管理委員（以下、施設管理委員という）制度は、内務大臣が推薦し女王が任命する、任期に限定のない5人以内の施設管理委員——そのうちの1人を内務大臣は委員長に任命できる——によって構成され、内務大臣の統括下で刑事施設の総合巡閲を実施し、内務大臣の指揮に基づき、同大臣に対し刑事施設および被収容者の現状を報告し、また国会の両院に対し施設管理委員の管轄区内の施設に関する年次報告書を提出するものである（6、9、10条）。施設管理委員の作成する報告書には、施設における被収容者の管理維持経費および規律違反行為・懲罰を含むものとしている（11、12条）。なお、施設管理委員は必要に応じ、内務大臣の任命する監察官、および同大臣の承認を要する委員の協力を求めることができる（7条）[122]。第3の巡視委員会制度は、四季裁判所または治安判事裁判所によって一年ごとの任命になる、治安判事の巡視委員によって構成され、随時に巡視する刑事施設の被収容者から不服申立を、場合によっては私的に聴取し、また被収容者の重い規律違反に対する懲罰を裁定で科すことができるというものである（13、14条）[123]。

この制度は、治安判事がもった刑事施設に対する従来の管轄権を全面的には排除するものではなく、巡視委員として（1865年法の巡視判事と同様に）部分的に刑事施設に対する監察権限をもたせ、他方、被収容者の保護を図る面を条文上はもつことになった。なお、他の規定として処遇に関することとして、内務大臣は過酷な第1級重懲役の期間の短縮と、第2級の重懲役への緩和の裁量権をもつことになった。これは、1865年刑事施設法によって2区分された重労働のうち、批判の強い復讐的意味合いの第1級重懲役の期間を短縮すること等ができるようにしたものである[124]。

9　中央集権化への批判

これらの刑事施設の中央集権化に対する批判は、地方政府当局からあったことは無論であるが[125]、議会内にあっては前述のようにリーランズ議員に見られた。ここでは、同議員の最も厳しい批判について触れ、当時の政府の示した

刑事施設の中央集権＝国有化の論拠にどの程度の妥当性があったのかを考えてみよう。

1876年2月、女王の国会の「開会の言葉」のなかで刑事施設の再編が刑事施設運営の経済性および効率性を促進する手段として、同時に地方の負担軽減のために必要であることが明らかにされた[126]。この法改正の理由である①行刑組織の合理化・効率化、および②地方の経費負担の解消の2点は、同年6月に、内務大臣クロスによって第1読会として提出の刑事施設法（律）案に示された。第2読会における審議過程での争点は、「刑事施設の現状」および「管理運営経費」を巡るものであった。この間に、リーランズ議員は刑事施設の「統制と管理を地方当局から内務大臣へ委譲することに不便性あり」とする修正意見を提出した[127]。野党自由党のリーランズ議員は所属政党とは無関係に独立した議員個人の見解であるとの断りをしているが、これは自分が役員として属するハワード協会の主流との見解の違いを踏まえた苦渋の選択であり、地方刑事施設の全般的な劣悪な状況から国有化への世論の流れの中で批判意見を展開したものであることを物語っている[128]。

内務大臣は、刑事施設の維持管理経費面から、中央集権による大規模施設への収容が施設経費の合理化と節減を促進する唯一の選択肢であるとしていた。これに対し、リーランズは、大臣の例示した規模の異なる大小刑事施設の管理維持経費を比較し直し、内務省試算の誤りと自らの試算値を対置するとともに、内務省による「衝撃的な」施設費用の格差例の報道とよって法改正が導かれようとしていることを明らかにした[129]。

さらに、リーランズは、①地方の小規模施設の経費は、大規模のそれと著しく格差のあるものではないこと、②大規模施設への施設収容の集中化は、被収容者を郷里から遠隔地に移送させてしまい望ましくないこと、③政府の50刑事施設廃止の「革命的構想」の案は、一定数の収容が困難な地方を生じさせるとともに（13地方で100人以上収容の施設、11地方で200人収容施設、9地方で300人収容施設が存在しなくなる）、52地方中、33地方で刑事施設の空白地域が生じるため、過度の集中は避け、廃止は20施設で十分であること、④地方のうち、市町村（バラ）立の刑事施設は、州（カウンティ）立施設より経

済的で存立可能であるのに（ポーツマスはバラの経費で施設建設）、政府は逆に都市の施設を閉鎖することで経費節減ができるとの誤りをしていること、⑤新たな刑事施設管理委員制度に伴い高額な人件費の支出となること、などを列挙し「私は、政府の管理運営の方が経済性があるであろうとの確信はもてない」[130]と断言している[131]。

このように見るとき、地方刑事施設における劣悪な処遇の「現状」を逆手にとって、「管理維持経費」の合理化・軽減を根拠に、刑事施設の中央集権化＝国有化を急速に実施しようとしたことが分かる。しかし、第1に、地方刑事施設にあっては州立施設の惨状は遅々として改善されなかったとしても、市町村（バラ）の施設は改善が進行し、改善の途にあったこと、第2に、市町村立の小規模施設の管理経費は政府の説くほど高いものではないこと、第3に、被収容者、とくに短期刑の場合、集中化した遠隔地施設への移送処遇は、その効果面、経費面で疑問であることなどから、この法改正は保守党政府による念願の行刑制度領域における自己目的化された「中央集権化」であり[132]、その妥当性には根拠が乏しかったことが分かる。この点で、1865年法以来の刑事施設の中央主権化の流れは、逆に重懲役を刑の基本に据えた国立の重罪刑事施設の全国化、すなわち重懲役施設化を目指すものであったということができる[133]。

いずれにせよ、法案は上院で短い審議を経て可決され、1877年7月12日、女王の裁可を得、ここに800年余にわたった地方刑事施設の時代は閉じることになった[134]。1878年4月1日の法施行によって、イングランドおよびウエールズの全地方刑事施設が、内務大臣およびその下に置かれた刑事施設管理委員の管轄下に入った。こうして、国立移管に伴い地方刑事施設のうち38施設が閉鎖され、存続した113の地方刑事施設に2万1,030人が収容された。これによって、従来からの国立の重懲役の収容施設（重罪者刑事施設）の収容者約1万人と合わせ、約3万1,000人が中央政府の管理下に置かれることになった[135]。さらに、急速な中央集権化によって地方施設の統廃合が進み、地方刑事施設は、法施行の初年度には69施設、第2年度には68施設に減少した。もっとも、閉鎖された施設は不要なものも多かった[136]。

10 軍隊的行刑制度の常態化:デュ・ケーン体制

　この中央集権化を推進したのがデュ・ケーンであった。デュ・ケーンはウリッジ (Woolwich) 陸軍士官学校出身の軍人であるが、1863年に重罪者刑事施設の監督官、1869年にはヘンダーソンの後任として一般および陸軍の刑事施設の監視総監・監察総監を兼職し、1877年には新設の刑事施設管理委員に就任している (本節7項参照)。こうして、後に「デュ・ケーン体制」(ウエッブ) といわれる行刑制度を確立していくことになる[137]。この体制は、監禁と管理を主たる目的とした「危機管理」型の (準) 軍隊調の機構として特徴づけられ、①施設長を頂点に、看守長 ― 看守主任 ― 看守 ― 副看守とするピラミッド型に統一された位階制の職員秩序、②制服着用の専門的集団 (看守) の人的配置によって担われた[138]。言い換えれば、まず、刑事施設の置かれた状態を、被収容者によって作りだされた危機の脅威が現実化しているとし、あたかも戦争との類推で捉えることが必要であるとの前提に立っている。それゆえに、行刑の実務は軍隊的な「危機管理」に対処する構造を模倣したものとなった。
　他方で、被収容者の処遇としては、この軍隊的規律秩序に支えられ、分離独居拘禁の収容形態を基にした、劣位原則による過酷な、それ自体に改善的意味を全くもたない「公的労働」の第1級重労働が重懲役として課されることがデュ・ケーン体制下 (1977－1995年) で常態化することになる。

11 スコットランド行刑の中央集権化

　これに対し、スコットランドにあっては、刑罰法制および犯罪者処遇は、この時期 (1851年から1877年)、中央政府との関係で、一層、地方政府 (州、市町村) の管轄権の縮小、中央集権化を余儀なくされることになった。それは、イングランド地方に見られた刑事施設の管理統制の中央集権化を決定づけた1865年および1877年の刑事施設法が適用されたのと軌を一にするものであった。

刑罰制度に即して見ると、1840年代以降、イングランドのペントンヴィル懲治施設において重懲役刑の執行に伴っていた分離独居拘禁制は、スコットランド矯正施設（Bridwell）においてはそのままの形態で実施されることはなかった。スコットランド刑事施設制度の父とされるブレブナー（William Brebner）[138-2]のもとで、グラスゴーの矯正施設は被収容者に家族との面会、教育、職業訓練、釈放援助など、犯罪要因であるとともに釈放後の復帰先である社会的環境を考慮に入れた処遇を行った。この処遇はブレブナーに影響を受けた初代スコットランド刑事施設監察官ヒル（Frederic Hill）による支持を得たことから継承された[139]。こうして、スコットランドの処遇は、被収容者に①教戒師、教官等による日々最低10回の訪問、②対話を義務づけられた担当職員による善導が実施され、ごく短期間にしか、イングランドに見られた教会での遮蔽囲いおよび運動中の顔面覆い（マスク）の着用が強制されなかったことなどから、緩和された分離「独居」拘禁の分離拘禁制（separation without solitude）が採用されていたというのが妥当であろう[140]。

しかし、内務省はスコットランドの事態を直接的に変更させることはできないものの、同地方担当の第3代刑事施設監察官キンケイド（注140）を通じ、国立の重懲役刑用の重罪者刑事施設において採用されている分離独居拘禁制の標準的規律である「重労働」の実施を迫った。1852年、総合委員会は、この標準的な劣位原則を受け入れ、まず重懲役刑の場合、男女を問わず、刑執行の最初の1か月間は木囲いベッドに就寝することになった[141]。さらに、1860年に刑事施設運営に関する新立法によって、中央による統制・集権化が促進されたため、それまでブレブナーによって築かれたスコットランドの人道的な犯罪者処遇の時代は、ひとまず終焉していく[142]。

なお、流刑については、刑の確定したスコットランドの重罪者は、アバディーン（Aberdeen）およびエディンバラの刑事施設に移送されイングランドを経由してオーストラリアへ移送されていた。流刑は、流刑批判のある中で、遂には西部オーストラリアなどに変更しながらも、廃止される1868年まで続いた。1850年から52年の3年間にヴァンディメン島には1,040人（男子660、女子380人）が流刑となっている[143]。1868年には、最後の流刑船によって、1858年に

エディンバラ裁判所において15年の重懲役刑を言い渡され服役していたケーシー (Alex Casey) が、西部オーストラリアに移送された[144]。

行刑制度は、1860年の刑事施設（スコットランド）管理法（以下、施設管理法という）[145]によって、中央政府の内務大臣による統制を通じた中央集権化が促進された。最も大きな特徴は、従来、重罪者を収容対象としていたパースの「総合刑事施設」を統括、管理していた「総合委員会」が廃止され、同年12月3日からエディンバラに新設された4名からなる総合刑事施設管理委員 (Managers of the General Prison. 以下、管理委員という) が刑事施設を管轄するように改編されたことにある。以下、その概要を見よう。

(1) 行刑組織の集権化

行刑組織は、従来と同様に2層組織、すなわち①管理委員が管轄する総合刑事施設（パースの1か所）(55条)、および②2種類の州刑事施設委員会 (County Prison Boards.以下、州大委員会という。County Board.以下、州委員会という) が管轄する法定（の基準に合った）地方刑事施設 (25条) から成り立っている。両刑事施設は、被収容者の対象を異にする。総合刑事施設は、①拘禁刑の受刑者[146]、および②流刑または重懲役刑を科された重罪者を収容するものである (63条)。これは、イングランドと同様に重罪者専用の収容施設として同施設を位置づけてきたことからの転換であり、地方刑事施設に従来収容していた受刑者の処遇を取り込んでいる点に特徴があることから、スコットランドにおける犯罪者処遇のモデル施設を目指したものである。他方、地方刑事施設は彼ら以外の民事被拘禁者を含む一般受刑者を拘禁するものである。

管理委員は4人で、パース州裁判所長[147]、スコットランド刑事施設監察官、検察官、国（王）の指名する1人から構成される。管理委員は、①法律、規則、内務大臣[148]の発令する訓令に従い、総合刑事施設の管理にあたること (61条)、②委員の1人である刑事施設監察官は内務大臣の任命であることから、中央政府（内務大臣）は、管理委員会を通じ総合刑事施設の管理運営に十分に影響力を行使できるものとなっている。これに対し、地方の刑事施設に対しては、中央政府（内務大臣）は州委員に対しては人事権をもたないものの、①州委員会

が任命権をもつ看守、教誨師、医官、事務官、教官など、実務の職員に対しての解職権（15、19条）、②中央政府の制定した総合刑事施設規則の準用（6、7条）、③内務大臣の同意なしの刑事施設の移設、変更の禁止（26条）、④訓令による法定刑事施設の取り消し、および被収容者の収容分類の変更（27条）などから[149]、中央政府による人事権への部分的な、そして施設管理権の包括的な支配は貫かれている。

　地方の刑事施設を直接管轄するのは州委員会であって、同州委員会は各33州ごとに設置され、通常数か所に及ぶ個別の刑事施設の監督および管理にあたる（15、25条）。州大委員会は数州の州委員会の上位組織であることから複数存在することになる。この州大委員会は、①数州の歳出監査委員、および②複数の特定市町村（Burghs.バラ）の治安判事が選出する委員をもって構成される。また各州委員会は、州予算委員会理事、または同理事および州内バラ町議会が、州ごとに指定された人数の委員を選出することになっている[150]。

　このように、地方の刑事施設への管轄権は、地方自治体（バラ）が州委員会の人事権をもっていたことによって保持されていた。しかし、地方財政の窮状から、依然として委ねられていた地方刑事施設および総合刑事施設を法定基準で維持することは困難であり、早晩、地方政府はさらに、施設の国有化、いいかえれば中央集権化への岐路に立たされることになる。もっとも、すでにこの段階で中央統制と集権化に向けて管理委員が執った統制の程度は、当時のイングランド地方において執られた統制以上に「性質において、著しく直接的であった」[151] ことも留意されるべきであろう。

（2）犯罪者処遇の統一（イングランド化）

　その他、1860年施設管理法は、雑則において、被収容者の処遇と管理に関わる事項を規定している。これらは、逆に、当時の改善すべき刑事施設の状態を示すことになっている。その第1は、重労働の執行形態に関してである。重労働は、重懲役刑のみならず、拘禁刑にも付加されるものであったが、本法および「規則に従った形態で厳正に執行されるべきである」（72条）としている。これは、前述のように1852年以来、中央政府によって執拗に求められていた

ことの明文化であり、スコットランド地方における重労働の厳正な執行、徹底を図ろうとするものである。

その第2は、男子少年への非公開の鞭打ち（private Whipping）に関してである。すなわち、裁判官は、14歳以下の男子少年に対し、拘禁刑またはその代替刑としての罰金刑を科せる場合、拘禁刑または重労働付き拘禁刑に代えて、または付加して非公開のの鞭打ち刑を言い渡すことができるとする（74条）[152]。第3に、刑事施設への禁制品への持ち込み処罰についてである。これは、投入、その他の方法によって、書状、煙草、酒類等の禁制品を施設内に持ち込む行為、およびその未遂・予備行為を処罰するものである（75条）[153]。第4に、刑事施設からの被収容者の移送についてである。州裁判官は伝染性の疾病および生命に危険のある重篤状態の被収容者を病院等へ移送を命じる権限をもつとされた（72条）。

こうして、1960年施設管理法、規則、および内務大臣訓令によって、法的、制度的に、スコットランドの行刑制度および犯罪者処遇は、中央集権的行刑制度、および劣位原則を基本にした犯罪者処遇方式の採用へと進むことになった。

では、この時期、スコットランドにおける刑事施設の被収容者数はどのようであったであろうか。行刑統計に少し触れておこう。1840年、1852年、1860年の3期を比較すると、推定人口は、約260万、292万、305万人と増加傾向にあったが、刑事施設における年1日平均の被収容者数（一般犯罪者、民事負債の被収容者、重懲役刑の重罪者、精神異常犯罪者の順）を見ると、各年は、2,048人（1,940、108、0、0）、3,001人（2813、82、68、38）、2,165人（1,755、64、316、30）であった。1840年代末から50年代前半にかけて、被収容者数が相対的に高かったことが分かる[154]。

11－2　1877年刑事施設（スコットランド）法

スコットランドの行刑制度に対する中央政府の管理支配は、1877年の刑事施設（スコットランド）法（以下、1877年施設法という）[155]によって確立し、

今日まで至ることになる。同法は同年8月14日に女王の裁可を得て、翌1978年4月1日に施行されている（2、3条）。これは、イングランド（およびウエールズ）地方に関し、1877年刑事施設法が6月12日に同様の裁可を得ていたものに続くものであり、施行日が同2法とも同1日であることから、中央集権的行刑制度が両地方に並行的に確立することをも意味していた。そのことは、後述の通り、同2法が類似の条文内容であることからも分かる。

1877年施設法の特徴は、第1に、全刑事施設の国有化に伴い、内務大臣による刑事施設の変更、被収容者の施設間移送が可能となったこと、第2に、新設の管理運営組織が設置されたこと、第3に、個別施設の監視機能をもつ巡視委員会（Visiting Committee）が設置されたこと、の3点として挙げられよう。

（1）刑事施設の中央管理

刑事施設の国有化および中央集権化は、①刑事施設および被収容者の管理経費が国家財源から支出されること（国庫支出。4条）、②刑事施設が内務大臣に帰属すること（大臣管轄権。5条）、③内務大臣が一般規則制定権を保持すること（大臣の規則制定権。6条）、によって裏付けられている。最後の点は、すでに1860年の施設管理法によって確立していたことでもある。

（2）コミッショナーの諸権限

内務大臣の掌握した権限は、具体的には、同大臣を補佐して、また大臣の代理で行刑組織の管理運営を司る「スコットランド刑事施設コミッショナー」(The Prison Commissioners for Scotland. 刑事施設管理委員。以下、コミッショナーという）に委ねられた。コミッショナーは、内務大臣によって推薦され、女王が任命する3名以下の者で、彼らには任期はない。コミッショナーには、その他に職責によって、パース州裁判官およびスコットランド法務長官の2人が就任するものであった（7条）[156]。コミッショナーの職務は、内務大臣の任命する監察官、および大臣が承認し自ら任命する管財官、主計官、その他の職員による助力を得て執行される（8条）。

このように、コミッショナーは内務大臣の指揮を受けて、刑事施設の総合的

監督、巡視、監察等を実施することになる。とくに、刑事施設の行刑の人事に関しては、刑事施設長、女子施設長、医官など上級職員は内務大臣の任命であったが、看守など他の職員はコミッショナーに委ねられていた（10条）。コミッショナーは、内務大臣の指示に基づき、刑事施設および被収容者の現況に関する報告、両議院に対し年次報告書を提出する義務がある（11条）。このように見るとき、コミッショナー制度は、イングランド（およびウエールズ）に施行の1877年刑事施設法における刑事施設管理委員（会）の制度と名称、機能等が同一であることが分かる。

(3) スコットランド巡視委員会の独自性

新設の巡視委員会は、イングランドの制度と異なる点に留意して見ると、スコットランドの巡視委員会は、被収容者の規律違反行為に対する懲罰権限をを全くもたなかったことにある。その他の点では、巡視委員会は、内務大臣が任命する①州歳出監査委員または州治安判事、および②市町村の治安判事によって、各刑事施設ごとに1年任期で任命されること（14条）、また施設巡視、不服申立ての諸義務をもつこと（15条）などは、イングランドの委員会機能と同一である。

巡視委員会が、設置の当初から被収容者の懲罰機能をもたなかったことは、それ以降のイギリスにおける被収容者の懲罰制度を巡る歴史において、スコットランドとイングランド（ウエールズ）が著しい対照を示すことにもなる（序注10参照）。スコットランドの巡視委員会は、刑事施設が地方政府（州、市町村）の管轄外となり、従って内務大臣およびコミッショナーの管轄する政府刑事施設となったことによって、①被収容者の不服申立を受理・救済し、権利を保護する機能、②政府（内務大臣およびコミッショナー）の行刑組織の管理および犯罪者処遇の現状を監視する機能を不十分ながらもち得るものであった。

その際、巡視委員は、地方（州、市町村）を基盤にしていた点では、政府から距離をおいて監視機能を果たし得たのであるが、①その選出母体である地方治安判事および歳出監査委員の社会的階層からくる権限を行使する際の積極面よりも消極面、②内務大臣の任命になることに起因して、任命権者の行刑を監

視する権限行使の限界、③監視結果の年次報告書公刊などの制度的保障がなく、行政内部での、すなわち「内務大臣への報告」(15条) 義務に留まっていたことによって、最初から刑事施設の運営への巡視委員会の影響力は微々たるものでしかなかった[157]。

いずれにせよ、スコットランドにおいて、1877年施設法によって、コミッショナーは刑事施設の統廃合を急速に進め、これを、刑事施設数の推移によって見ると、1878年4月の時点で、パース総合刑事施設の1施設の他に56か所の刑事施設が地方の州に存在したが、1年後には43施設、3年後の1882年3月末には35施設に、さらに1888年までに、15施設に減少させるまでに至った[158]。

第3節　グラッドストーン委員会リポートと1898年法の成立

刑事施設の国有化によって、中央集権化が進行し始めたのであるが、それは行刑制度におけるデュ・ケーン体制の確立の道でもあり、その一端を前節において示した。ここでは、1877年施設法が施行され、いかなる制度的展開があったかを見る。そこで、時系列に沿って第1に、デュ・ケーン体制の展開およびその意味すること、第2に、デュ・ケーン体制の批判およびグラッドストーン委員会リポート、第3に、同リポートの立法的具体化である1898年刑事施設法の成立の3つに大別して、イングランドおよびウエールズ地方の動向を検討する。そして、最後の第4に、同時期のスコットランドにおける行刑および刑罰の制度的展開に触れてみることにする。

1　デュ・ケーン体制下の犯罪者処遇

デュ・ケーン体制が、犯罪者、とりわけ重罪者の処遇制度として特徴をもったのは、1879年から1880年にかけて執られた措置による。以下、まずデュ・ケーンの記述によって見ておこう。

(1) 重罪者の処遇：重罪者刑事施設

重罪者刑事施設における処遇の特徴としては、第1に、4階級の累進処遇制度が確立したことである。これによれば、重罪者は最初に、1年間の「試験観察（Probation）」と呼ばれる第4級に付される。これは、9か月の閉鎖的刑事施設での労働を伴い、礼拝運動を除き独居拘禁の期間、および3か月の公共労働の期間とからなる。続く第3級および第2級は、昼・夜に対応した分離・独居拘禁形態での沈黙交流による「公共労働」のみとなり、各在級期間は最低1年とし、第1級は残刑期間とするものである。各級はバッジで区分し、昇級は労働における勤勉度（精励さ）の査定によって、予め刑期に応じて各級に設定された点数に達した時認められる。この勤勉度によって、レミッション（男子は4分の1、女子は3分の1を限度に減刑）および条件付釈放が与えられる。このように、施設内での「善行」ではなく、重労働の「勤勉」度を基に評価を行う点数制の累進制度が採用され、在級期間を労働日数で表している点に特徴がある[159]。

この処遇制度は、同時に、1853年重懲役法成立以来、段階制度（Stage System）としての3段階、すなわち第1段階の9か月の（分離）独居拘禁（試験観察の内の9か月に対応）、第2段階の分離独居拘禁（独居室での食事と睡眠。厳格監視の沈黙交流下での労働。とくに、累進級の刑執行期間）、および第3段階の刑事施設からの条件付釈放（社会内での警察監視）とに区分されるものでもある[160]。従って、これらの処遇制度は、総体として累進段階処遇制度（Progressive Stage System）[161] として表現することが適切であろう。

重罪者の待遇は、1863年のカーナボン・リポートの「過酷な労働、粗食、硬いベッド」に象徴される劣位原則に基づくが、とくに糧食は「要求される労働を遂行するのに必要な最低限度に固定され」、それさえも「怠惰で労働を遂行しなければ、糧食の総量を減じる」[162] ことに示されるように、過酷なものである。前述の累進に伴う優遇、昇級の措置は、非行（規律違反行為を含む）および労働の怠慢によって剥奪される。非行の場合、屏禁、減食、体罰が科され得る。頻回の非行には、「第2の試験観察」に期間付し、全期間の不良行為の場合、刑満了前の6か月間の分離拘禁となる。この懲罰の抑止効果によって精

神的感銘を与えるとする[163]。

この重懲役刑制度は、1864年の重懲役法の成立によって、地方施設においても分離独居拘禁制度が確固とした抑止効果をもつ制度として義務的となったことが転換点となり、それ以降、刑事施設の中央集権化で徹底されてきたものである（前節5、6参照）[164]。

懲罰制度は、イングランドの1877年施設法が規定したように、軽微な規律違反行為は施設長が裁定し、より重度の違反行為の裁定および身体罰を科す裁定は巡視委員会（委員長。Director）が行った[165]。

以上が、重罪者刑事施設の監視総監、刑事施設管理委員長など一連の行刑組織の要職の長を、1895年まで兼務し続けたデュ・ケーンによって強力に推進された犯罪者処遇制度である。中央主権化によって管轄下に置かれた地方刑事施設がいかに重罪刑事施設と類似の処遇制度をもつに至ったかを見るために、これにも言及しておこう。

1877年刑事施設法によって、犯罪者の処遇が統一されるまで、「(内務省の所在地の) ホワイトホール（Whitehall）の行政官僚（administrater）には、恐ろしくでたらめなことと思われわる評価となる、多様な（地方）刑事施設」[166] は、犯罪者の処遇形態として種々の分離独居拘禁制を採用していた[167]。

(2) 一般受刑者の処遇：地方刑事施設

管理委員長デュ・ケーンのもとで、地方における刑事施設の管理運営の統一化と並んで、地方施設における新しい犯罪者処遇制度が導入された。これは、重罪者施設における制度に類似した「累進段階処遇制度（Progressive Stage System)」（以下、地方累進処遇制度という）として知られる点数制を採用した4段階（階級）累進処遇の制度であった[168]。これによれば、受刑者は設定された4段階のうち、第3段階までを最短で各1年で消化し、残刑期間は第4段階に置かれ、昇段に応じ優遇措置を受けるというものである。地方累進処遇制度はつぎの点数制による。すなわち、①最初の第1段階に置かれる受刑者は、平日の労働の勤勉度に応じて、1日の最高点8点から7、6点までを週単位で査定され獲得する（1節）。②第3段階まで、各段階ごとに均等に設定された点数

（28週×8点＝224点）を獲得して昇段する（4節）。③第1段階には228点に、また第2段階にはさらに224点以上か総点448点に、同様に第3段階にはさらに224点以上か総点672点に達するまで留まり、受刑者は第3段階の終了後、残刑期間、第4段階に置かれる（4節）。しかし、受刑者は怠慢の場合、職員の報告により懲罰が科され、降段もある（2節）[169]。

労働は、第1段階にあっては、第1級重労働である動力巻き上げ機牽引、踏み車踏みなど、重罪者施設におけると同様に過酷なものが設定され、この段階を必ず経ることになるが、昇段に比例しその強度は緩和されたものになる[170]。その際、報奨金は、釈放時に支給されるが、第1段階にはなく、他の段階でも低額であるところに特徴がある[171]。

これらの規定は、中央集権化された地方刑事施設において適用されるものとはいえ、その処遇の過酷さ、地域的な処遇の歴史的背景（巡視委員会の抵抗）、また管理委員の個性などによって、必ずしも画一化を強いることはできず、すでに新施設において処遇を開始していたプレストン（Preston）、マンチェスター（Manchester）、カークデール（Kirkdale）などではその運用は弾力的であった（後述）。

(3) デュ・ケーンの犯罪（者）処遇観

行刑制度を掌握し、支配した管理委員デュ・ケーンの犯罪者処遇観はどのようなものであったのであろうか。このデュ・ケーン体制は、管理委員を頂点に諸委員を兼務した[172]デュ・ケーンの個性のみに解消するのではなく、その犯罪者観および処遇観を検討することによって、今日でも論じられ共通項をもつ「抑止論」の1つの極端な展開として位置づけることが必要なのである。むしろ、デュ・ケーン体制は、デュ・ケーンの犯罪者観および処遇観が、中央集権的行刑制度を通じて、彼の個性を伴って発現し、展開されたと見るべきであろう。

デュ・ケーンの犯罪観は、人間の性癖に関する悲観的見地に立脚し、犯罪は異常な成育環境または状況の結果生じる逸脱行為ではなく、人間の自然な性癖であるとするものであった。彼は、犯罪は、社会的要因にその起源があるもの

の、道徳的抑制の欠如ないし弱さに一層原因があるとし、犯罪を疾病のアナロジーで捉える立場であった[173]。市民と受刑者を比較し、大半の正直な市民は、日常生活において受刑者以上に、極度の艱難に耐えており、通常の人間は置かれた状況の最悪の逆境および厳しさに適合する能力をもつとする[174]。

　こうして、市民と健康体の犯罪者を区分することなく、多くの常習犯罪者が統計から犯行開始年齢が15歳以前であることに着目し、彼らには予防と改善（矯正。Reformation）が必要だとする。しかし、ここで、国家の行刑制度の担うべき課題を、費用－便益（コスト・ベネフィット）的観点から捉える。すなわち、①犯罪者への拘禁刑の執行は、一連の行政的、技術的問題に過ぎないこと、②受刑者の改善費用は高価であることから、国家は限定された刑期内での犯罪者の改善を行うことは不可能であり、またその資力の余裕をもたないことから、一般成人の収容施設である地方刑事施設にあっては、そこでの処遇上の唯一の実践目的は抑制と抑止（repression and deterrence）にあるとする[175]。このように、デュ・ケーンは、犯罪者の改善一般を否定したのではなく、改善可能性および国家費用支出の限界から、成人犯罪者の処遇原理としての改善を否定したものであり、この成熟した刑罰政策が適用されない犯罪者（若年犯罪者、微罪の機会犯罪者、精神障害犯罪者）には他の社会的予防手段を講じる余地を残していた[176]。刑事司法および行刑制度の資源・経費的限界のなかで、犯罪者の処遇効果を最大限上げようとするものであった。こうして、長期の期間を要しない抑止の刑を犯罪者に科すことによって、潜在的犯罪者である市民に恐怖と危険を経験させることの正当化を行おうとするものであった。この処遇は、施設管理の費用便益の観点から帰結する低廉な経費の劣位原則と、極端な抑止刑、すなわち抑止のみを目的とする刑罰とが結合してできあがったものなのである。劣位原則および抑止刑のいずれもが、当時の時代的な共有物であったことは留意すべきであろう。とくに、抑止刑は劣位原則を包摂することのできるものであることから、デュ・ケーン体制下の刑罰制度は、第2順位の刑罰として高められた重懲役刑・拘禁刑制度の延長線上に位置するものである。

　そして、デュ・ケーン体制の個性というのであれば、それは職業軍人として、軍隊的な中央集権的官僚的機構の中にあって、これを許容してきたこと、さら

には組織を監督・管理する実務上の長として行刑組織にこの軍隊的規律を執拗に導入し続けてきたことに起因するものなのである[177]。その特異性は、「処罰と抑止」目的から、「有益な恐怖」[178]として止まない行刑制度を創出したことにある。この特異性部分は、その後、転換するとしても、カーナボン委員会およびデュ・ケーンによって敷かれた基本枠組の拘禁刑制度の上部構造はその後の1世紀にわたり、イングランドにおいて展開され踏襲されることにもなったのである[179]。

2 デュ・ケーン体制の現実と問題

この長期にわたったデュ・ケーン体制はいかなる批判に晒され、その打開策として内務省内に委員会（グラッドストーン委員会）を設置することによっていかなる指摘を受け、いかなる犯罪者処遇政策の転換を余儀なくされたのであろうか。

(1) 社会変容と新しい犯罪者対策の必要性
デュ・ケーン体制下における犯罪者の刑事施設内処遇に対する批判は、1890年代に入り、次第に世論を巻き込んだ強烈なものになっていった。特徴的なことは、この行刑および犯罪者処遇に対する批判の背景には、犯罪現象、刑事裁判手続きに付された人数、刑事施設への被収容者人口に増加、上昇傾向があった訳ではないことである。逆に、これらの批判は、「犯罪の脅威が干潮状態になったようで、犯罪対策の船はべた凪の海域に入った」[180]と形容される、いわば犯罪の「減少期」における批判なのである。認知された正式起訴可能な犯罪者数について見ても、1877年以降1890年代半ばまでの5年間毎の単年平均人数は、減少傾向で推移していたことが分かる（表1）[181]。

しかし、正式起訴人数は、表1が示すように増加傾向にはあったのである。さらに、刑事施設の被収容者数を見ると、1877年刑事施設法成立以降、重罪受刑者数は激減し、地方刑事施設の被収容者数は1891年に最低期を迎え、その後上昇はあるものの減少状態で推移していることが分かる（表2）。

表1　正式起訴可能犯罪の訴追手続き別の被訴追者数（5年ごとの年平均）

年	年平均人数	うち　略式起訴された人数	うち　正式起訴された人数
1877〜81	57,234	45,418	11,816
1882〜86	59,259	46,778	12,481
1887〜91	56,280	41,977	14,303
1892〜96	54,689	39,122	15,567

JUDICIAL (CRIMINAL) STATISTICS 1896:JUDICIAL STATISTICS, ENGLAND AND WALES, 1896, c.8755, 1898, at 13.

表2　刑事施設被収容者の単年平均人数および人口（イングランド、ウエールズ）

年	重罪受刑者数	地方施設被収容者数	人口
1877〜78	10,139	20,833*	24,695,894
1882〜83	10,192	17,876	26,334,776
1887〜88	7,263	14,536	27,826,798
1890〜91	5,289	13,076	28,762,287
1892〜93	4,475	13,178	29,403,346
1893〜94	4,383	13,850	29,731,100

Prisons Committee, Report from the Departmental Committee on Prisons, 1895, at 3.
*3月末までの半年間

　デュ・ケーンが、1869年以来、刑事施設総監督として管轄した重罪者刑事施設に限れば、その受刑者数は6割近く激減していたのである。正式起訴となった重罪の一定の増加にも拘わらず（表1）、重罪者施設への被収容者数が減少していることをどのように見るべきなのであろうか。これは、ラジノヴィッツとフッドが指摘するように、①立法による訴追および量刑の変更に伴う重懲役刑の適用の減少（注181参照）重懲役刑の下限の引き下げ（7年→5年→3年）（注164参照）、②量刑実務における明白な緩刑化の流れを挙げることができよう[182]。この裁判における緩刑化の流れは、第1に、ヴィクトリア期の社会の変容につれて、重懲役刑の過酷な実態が衆知のものとなってきたこと、第2に、犯罪者層自体が、現実には重懲役刑を相当とするような重大な事犯の犯罪者で

はなく、重罪の範疇に入るとしても、過酷な抑止刑となった重懲役の長期刑を科す必要のない、軽微犯罪の累犯者であること、の社会的現実から、裁判官は量刑に当たり、裁量によって刑の短期、軽減化を図ったことによるものといえよう。裁判官による量刑における緩刑化の動きは、変容する社会と犯罪者層の動向に対応した、立法によらない、司法による刑罰政策の先取りであった。

　問題はその先にある。裁判官に量刑政策の変更を余儀なくさせた要因は何であったのであろうか。というのは、量刑実務はヴィクトリア期の社会の変容、いいかえれば「社会的危機」[183]を反映したものであって、裁判官個人の良心的な、寛容な量刑裁量によってもたらされたとするに留まるべきではないからである。では、この時期（1880-1895）の社会変容は、ヴィクトリア期の社会を支えた伝統的価値にどのような変化を与えたのであろうか。ヴィクトリア期の典型的な伝統的価値は、司法においても中心的関心をもって考慮され、それらは、品格（respectability）、社会秩序（public order）、階級（class）という、時には複合する3つの価値基準に基づくものであった。これらの価値基準から、刑事手続きにのった犯罪者も扱われた。例えば、暴行、とりわけ性犯罪を犯したとしても、服装に示される品格ある犯罪者は、訴追の取り消しもあり得たのである[184]。

　いずれにせよ、この時期までのヴィクトリア期の刑事司法手続き、および刑罰制度は、厳格な個人主義の範疇、すなわち個人責任、自由で平等な個人主体、法律主義、古典的な理性をもった犯罪者などを基に組み立てられ、運用されていたと見ることができる。しかも、それは、特定の危険な犯罪階級に犯罪対策を向けていた[185]。これらに変化が生じてきたのであり、それが典型的には裁判実務における量刑基準の変更、すなわち司法裁量による緩刑化であった。そして、この社会変容をもたらしたものは、①選挙法改正に示される国民の政治参加の拡大、および②台頭する労働（組合）運動に見られる具体的な生の人間の社会的登場、すなわち民主主義の成長にあったといえよう[186]。しかも、1880年代には社会的な悲観論が再登場し、これと世紀末の時代の転換点とによって、社会に関する記述は次第に否定的なものとなり、ヴィクトリア期の築き上げた社会的なモラル形成は覆い隠されていったのである。ウィナーは、社会

的変容を促進した要因として、さらに専門集団化と官僚制の動きを挙げるが、従的要因として肯定できよう。

> 「無秩序、不規律、悪徳といった多くの指標 —— なかでも犯罪、庶子、貧困、酒浸り、疾病、不慮の死亡 —— は、確実に下降し、品格ということは少なくともほとんどずべてに名目的な忠誠を命じるものとなった。この勝利にもかかわらず、実際、幾分皮肉にも、この勝利のゆえに、社会政策は、新世紀への変わり目から、かつての幾多のヴィクトリア期の安定材料を放棄し、その進路を抑止とモラル形成とは別の方角に向かった。社会政策の方向転換は、着実な民主主義の前進によってもあおられた。より貧困な階級の、これまでになく膨張した政治勢力は、弱者が直面している諸困難に対する共感を統治階級の中にこれまでになく多く呼び起こした。さらに（同勢力は）最大限に個人の責任や修養を迫ることによって正義を体得させ、それを実践させようとした（ヴィクトリア期の）いずれをもを着実に失墜させた。こうして、（犯罪等の）抑止は社会政策上、役割をあまり果たさず、これに代わって、国家が関与規制、援助するという直接的方法が充てがわれることになった。類似の影響力は、時代の卓越した他の政治様式、すなわち専門集団化と官僚制という確固とした先遣部隊によって（も）発揮された。」（丸括弧内筆者補足）[187]

（2）デュ・ケーン体制への批判：処遇の人道化

1894年に至るまでにデュ・ケーン体制[188]に対する批判は存在したが、これらは無視され、また国際会議への公式代表の参加禁止によって国際的な場での批判を受けることもなく、行刑内部に封じ込められていた[189]。すでに、1879年には、重懲役法に関する監査委員会（キンバリー委員会）は、教戒師や施設長が過酷な処遇、日曜日の運動中の交談禁止などについての不服を述べた個所があったが、これをデュ・ケーンが削除させたことを暴露した。彼もこれを認めたものの、委員会が運営規則に不賛成の見解の公表を認めるべきと勧告した事項については無視し、批判意見に耳を傾けることはなかった[190]。もっとも、現行の中央集権化した行刑制度に対しては、1879年にはソールフォード地方（**Salford**）の治安判事、1980年にはハクニー地方（**Hackney**）の選挙民によって厳しい批判があったが、内務大臣はデュ・ケーンを含む刑事施設管理委員からの「大変に満足すべき」リポートに敬意を表し、この報告でもって批判に答えている。当時、内務大臣と刑事施設管理委員は一体の関係にあったことはい

うまでもない[191]。

　施設職員からの批判は、もっぱら勤務時間数、受刑者暴動から安全保障など、雇用条件の改善に関するもので、1883年にはローズベリー委員会、1891年にはデ・ラムゼイ委員会によって解決が図られた[192]。

　では、内務省をして現行処遇制度の検討を余儀なくさせ、さらには行刑の管理運営の長に立つデュ・ケーンを実質的に辞任へと追いやることになった処遇体制への直接的な批判とはどのようなものであったのであろうか。

　1890年代に入り、刑事施設制度に対する批判は「批判が蓄積して嵐をもたらす」[193]ものであった。世論が変化し、反社会的生活をした市民であっても、人道的な処遇をすべきであり、現行の刑事施設における処遇制度は重大な問題を抱えているとする批判が影響力をもってきたのである。この要因としては、先に見た量刑基準の変更の社会的背景として指摘した労働者階級の政治的認識の昂揚と併せて、物質的な富の増加、人間・社会に関する科学的研究の開始、教会内部に生じた新しい動きを挙げることができよう[194]。とくに、1891年に設立された人道主義者連盟（The Humanitarian League）のモリスン（Revd.William Douglas Morrison）師は、12年にわたるウォンドワース（Wandworth）刑事施設の教戒師としての経験から、1894年に入り、現行の刑罰制度に対する厳しい批判を評論員として「デイリー・クロニクル（Daily Chronicle）」紙上において展開した[195]。

　モリスンの刑罰改正論は、ヨーロッパ大陸において展開された犯罪観、犯罪者処遇論に影響を受けた福音主義的、人道主義的な立場に立脚するものであった[196]。モリスンは、後にグラッドストーン委員会の委員となり、彼の見解はやがて内務省、行刑内部に影響を与え、また共有された見地であることから、少し後の著作で少年犯罪との関わりにおいてではあるが、彼の犯罪（者）観および現行の拘禁刑、刑罰への言及に触れておこう。

　まず、犯罪者中の常習犯罪者の占有比率が高い犯罪状況にあり、このことは刑法および行刑が破綻していることの証左だとしたうえで、現行の行刑の依拠する原理を再考すべきとする。犯罪者を常習犯罪者と機会犯罪者とに二大別したうえで、機会犯罪者が常習犯罪者へと堕落してしまう悪循環を断つこと、す

なわち少年犯罪者を常習犯罪者としないための措置を執ることの重要性を説く。このことが、常習犯罪者が生みだす耐えがたい損出、不穏、危険から地域社会まもることになるとする。ここには、犯罪の社会的要因を重視し、個人的要因（年齢、性、精神的肉体的特徴）をも取り入れた犯罪原因論が反映されていると見ることができる。

「今世紀末に文明社会が直面している恐るべき問題は、常習犯罪者問題である。犯罪者人口中の常習犯罪者比率は、絶え間なく増加しており、今日ほど高い時は全くなかった。……常習犯罪者の認定に関する委員会リポートによれば、ランカシャー、ヨークシャー・ウェストライディング、スタッフォードシャーの被告人の約70％が過去の有罪（歴）が判明しており、リバプール、バーミンガム、ブラッドフォードでは79％、ノーフォークとサフォークは61％であり、これに対しロンドンはわずか47％であった。犯罪者人口中の莫大な前犯罪者の比率の意味することは、……刑法および行刑が完全に破綻していることである。正しい構成の刑罰制度の至上目的は、有罪判決を一度受けた犯罪者に再犯させないことにある。4件中、3件において、刑罰制度がその主要な根本目的を達成できないとすれば、現行の刑罰様式が依拠する原理を再考する時が到来しているのである。これらの刑罰様式が、現在の効果のない状態のままである限り、地域社会は常習犯罪者の密集する耐えがたい大群のただ中で生じる、損害、社会不安、危険に我慢し、地域社会を守るために何百万（ポンド）も年に出費せねばならないであろう。……少年犯罪者に一層適切な処遇様式を採ることで、常習犯罪者が減少するのかその方法を示すことに努めたい。人は人生の初期に犯罪者的習慣を身につけなければ、常習犯罪者へと堕落することは相対的に滅多におこるものではない。……犯罪者人口は大まかに、常習犯罪者と機会犯罪者の2つの階層に区分される。……機会犯罪者は年少の青年の時期に犯罪習慣を身につけなければ常習犯人へと堕落しないであろう。」[197]

「逮捕拘禁および有罪判決の可能性が高まっても、犯罪を止めるのみならず、犯罪の数量や強度をさえ有意的に低めはしていない。……であれば、処罰の現実的体験は、少なくとも、有益な結果をもつであろう。刑事施設または重懲役刑に付す形態での刑罰は、過酷でかつ恥辱的な試練であり、その期間、それに耐えねばならない者を奴隷の卑しむべき状態に置かせ続ける。彼（被収容者）の自由は剥奪され、移動の自由は極度に狭い領域内に限定される。……自由剥奪を内容とする刑罰は余り効果がないとする根拠を我々が熟視するようになって、初めて刑罰が結果的に人を犯罪者にしてしまう諸条件を悪化させるものであることに気づく。ほとんどの刑事施設の被収容者は法の過酷な支配に服する以前に、肉体的にか、精神的に何らか

の悪化状態にある。犯罪は、通常、この悪化した条件の結果なのである。拘禁刑（を科される）前に生じている悪化状態が、刑事施設での生活条件によって、さらに深刻化してしまうとすれば、拘禁刑形態の刑罰によって犯罪者の再犯行為を防止することは不可能である」[198]。

いずれにせよ、モリスンは、現行の刑事施設と刑罰（拘禁刑と重懲役刑）の有り様に批判を向けたのであり、そこに累犯対策、犯罪者の区分（成人、少年等）、少年犯罪者の処遇、産業社会の労働規律をモデルにした規律ある教育的処遇（注198参照）などを重視した見地を看取することができる。とくに、世論の批判は、人口増にもかかわらず、犯罪の全般的減少が見られたものの、累犯行為はむしろ増加傾向にあり、犯罪者処遇論として累犯対策に重点が移行し、これとのかかわりで、現行行刑制度が機能していないことに向けられていた。

この共有された現行の行刑制度に対する批判は、1892年の総選挙後に内務大臣となっていたアスキス（注195）が、1994年4月、内務省内に刑事施設を全般的に検討する委員会を設置すると表明することで、委員会での議論へと収斂されていった。この委員会設置は、行刑から独立した委員会ではなかった。このように、省内委員会設置は、批判者の委員起用など、委員選抜に腐心の跡があるとしても、中央集権的な刑罰制度確立後に見られた、しかも深刻な批判に対応するものであり、デュ・ケーン体制の転換に留めることを企図したものであるだけに、現行行刑における地方行刑のあり方など、中央集権的な行刑制度までの抜本的な検討をするには限界の予想されるものであったということができよう[199]。

(3) グラッドストーン委員会とリポート

アスキス内務大臣は、1994年5月、グラッドストーン内務省政務次官を委員長とする委員と諮問事項を明らかにしたことによって、翌6月委員会が設置された[200]。この委員会が、グラッドストーン委員会であり、翌1995年4月にリポートを公表した[201]。同4月、65歳となった刑事施設管理委員長デュ・ケーンは、老齢退職法（The Superannuation Act）よってすべての行刑管理業務から退くことになり、このグラッドストーン委員会リポート（以下、グラッド

ストーンリポートという）は、デュ・ケーン体制の総括を意味するものでもあった。

　グラッドストーンリポートは、諮問事項を踏まえ、現行制度を総括することによって、25項目におよぶ主要な勧告の概要を提示する。ここでは、まず批判を受けた現行の刑罰、行刑制度の総括内容、つぎにいくつかの勧告内容に触れよう。

　デュ・ケーン体制といわれる現行行刑制度に関して、グラッドストーンリポートは、主要に肯定的評価をし、部分的な問題点を指摘するものであった。歴史的な概観をし、1865年の刑事施設法の成立が、従来の法制を統合、修正したものであり、これによって独立した行刑管轄権を確立したことで画期的であったとする。中央集権的行刑制度の確立の経緯に触れ、その成功はデュ・ケーンの寄与によってもたらされとし、約120か所あったの刑事施設が60余に統合されたことを例示し、刑事施設の再配置、建築によって統一性が確立したとする[202]。

　犯罪状況の推移と現状については、まず、トループ（**Mr.Troup**）省内委員会の見解に沿って、道徳犯罪の増加によって厳格な新立法が必要であるが、財産犯罪は現実に減少しているとする[203]。現在の社会状況については、教育機会の拡大、富の増加、社会的に有利な条件の拡大に応じて、凝縮された大量の常習犯罪者問題がわが文明に汚点を残して深刻化しており、その数は社会制度の試金石となるとしたうえで、「常習犯罪は、あらゆる刑事施設問題の中での最重要問題であり、また最も複雑で困難なものである」[204]とする。

　1877年刑事施設法につき、全体として法改正に賛成意見が主要であり、同法は①地方刑事施設が地方およびバラ（市町村）の当局から中央政府に移管されたこと、②内務大臣の権限下に新設の刑事施設管理委員会（**Board of Commissioners**）が設置されたこと、を特徴として挙げ、そこから生じた問題を、つぎのように述べる。

　　「同法の目的は、政府の強力な中央集権化した行政を通じて、改善、統一された
　　制度を創出することにあったものの、同時に、大変に広範な責任と権限を賦与され

た巡視委員会を設置することによって巡視判事および地方の影響力を保持することにあった。これに関しては、法目的は大半が失敗であり、その主要な理由は3点ある。すなわち、第1に、地方当局が刑事施設の経済に対して財政的統制を喪失し、直接的な利害関係のないままに、歳出に係る訴訟を起こす自発訓令（proprio motu）の権限を喪失したままであったことによる。第2に、同法の巡視判事（制度）の廃止が主要な事柄と思われたことによる。しかも、ある意味では、その制度は内務大臣の発令する規則によって副次的な権限を賦与され再設置されたが、一般的な印象はその権限は余分なものであり、その再登場は巡視判事（制度）の廃止をベールで覆い隠すものであった。第3に、新設の刑事施設局の絶対的な統一制度に向けた、強力で支配的な行為は、厳格な規律および完璧な秩序を伴っており、様々な地方の旧当局者の中にあった残滓を押し潰し、押さえ込むように自然に計算されていたことによる。」

「権限の中央集権化は、統一性、規律性、経済性の方面では完璧な成功である。他方、同中央集権化は、いくつかの避けられない不都合を伴った。思うに、著しく中央集権化した制度のもつ、際だった、立証済みの危険性は、より多くの注意が組織、財政、秩序、受刑者の健康、刑事施設統計に払われたものの、受刑者は、余りにも地域社会の望みのないか、無価値の分子として扱われ、しかも刑事施設当局者は刑事施設の門外に一歩出ると、自らの法的責任のみならずモラル面での責任が停止してしまっていることにある。」[205]

グラッドストーンリポートは、中央集権化の行刑制度にあっては、統一性、規律性、経済性の積極面からすれば、問題点は制度の部分的欠陥であるとする。このことは、経済性と統一性をもった完全な制度を組織し、実施することは極度に困難であり、「欠陥を見つけ、理想的見解を作り上げ高尚な構想を系統立てて述べることは易しい」とすることに示されている[206]。とくに、グラッドストーンリポートは、行刑制度の中央集権化が、同時に巡視委員会の設置に見られるように、地方と巡視判事の影響力を踏まえ、これを反映させているように見えるものの、一般に国民に理解されているように、また実質的には、中央刑事施設当局による支配を貫くものであったことを、欠陥として承知している。

グラッドストーンリポートは、中央集権的な刑罰執行の制度、すなわち行刑制度の確立によって、「満足のゆく衛生状態、刑事施設生活における堅固な秩序、経済性、確固とした組織」[207]が維持されたものの、刑事施設に委ねられた受刑者のモラルの状態までを改善することができず、再収容者の常習的集団

は刑事施設ずれしまっており、これを問題視するところに特徴がある。ここでは、再犯予防面から受刑者のモラルが強調され、そのモラル欠如の一半の原因が刑事施設当局のモラル面での責任欠如にあるとしている。モラルの意味内容は、必ずしも明らかではないが、再犯を抑制する行為規範意識ということができようか。

この見地から、グラッドストーンリポートは制度の必要な改善方向の特徴として、つぎのことを指摘する。

「①制度は、一層柔軟性をもたせ、個別受刑者の特別な事情に採用され得るものであること、②刑事施設の規律と処遇は、受刑者のより高い感受性を保持、刺激または覚醒するために、受刑者の生来のモラル傾向を発現させるために、受刑者を規律ある勤勉な習慣で訓練するために、できれば受刑者が収容時よりも肉体的にも精神的にも、良き男女に、施設の外で変わるために、より効果的に計画されること。犯罪は、その原因と処理において十分に深い科学的な調査対象となるものである。」[208]

ここに、犯罪の科学的研究、処遇における分類・個別化・改善的方法が論じられ、大多数の受刑者が生来的に健全なモラル、感受性をもち、これを発現させるべきであり、このことを基本的に可能と考える、性善説的で楽観的人間像と楽観的処遇観を看取することができる。もっとも、他面で「不治の病と同様に、矯正不能な犯罪者が存在し、このケースにあっては、犯罪性は疾病であり身体的欠陥に起因するとの理論に不本意ながら従うことは当を得ないことではない」[209]とする。グラッドストーンリポートは、全体として、正確には二元的、折衷的犯罪者観に立脚しているといえよう。

具体的な勧告提案で、重要な事項を取り上げておこう。
①常習犯罪者に関しては、その源泉が社会にあることから、刑事施設内の専門的処遇によって、これを断ちきり矯正することは可能とする[210]。
②受刑者の処遇に関しては、多岐に及んでいる。第1に、受刑者の拘禁形態は、原則的に独居拘禁であり、医療的理由によるほかは受け入れ時および夜間拘禁期間中、受刑者は交流関係を禁止される[211]。
しかし、第2に、従来の第1級重労働に見られた非生産的労働を原則的に廃

止し、慎重な監視を伴った昼間の交流作業（「限定形態での交流」[212]）を生産的労働として広範に採用し、勤勉な作業と技術教示のための（交談）交流を拡大することになる[213]。その際、モリスン等の委員会証言を援用し「作業場が刑事施設の管理経営面で多大の助けとなることで、交流（作業）からの困難は生じない」として、男子受刑者の作業収益による経済効果に言及している[214]。

これは、勤勉な労働が「道徳的、肉体的に効果的である」との基本認識から、受刑者の「規律ある勤勉な習慣による訓練」である施設内労働を評価するとともに、その労働産物の積極的な経済効果を「刑事施設経費の節減をもたらす」ものとして着目するである[215]。また、これは、①施設内労働の目的、労働の位置付けが外部の商品生産制社会に求められる労働と並行し、相応するようになったこと、②社会の産業労働における規律が刑事施設内に採用されており、施設内処遇の理念から従来の程度差は時期的にあれ柱となっていた宗教的・福音主義的要素が退き、社会内の産業労働を支える世俗的な勤勉な労働習慣の規律が主要な要素となったことを意味する（処遇理念の世俗化）。もっとも、この施設内労働によって生じる、①社会の民間産業との競合およびその圧迫への配慮、②刑事施設の人的・物的態勢の再編、③報奨金にも言及している[216]。

第3に、受刑者の分類と処遇に関しては、①少年の上限年齢を16歳から17歳に引き上げ[217]、②初犯者と累犯者との分離処遇[218]、③若年犯罪者を収容対象とする刑事感化院（**Penal Reformatory**）の設置[219]、④常習酩酊受刑者および乳児を抱えた女性受刑者の特別処遇[220]、⑤点数制および地方刑事施設での減刑（レミッション）制度の拡大[221]など、処遇の多様化、個別化を提言している。

第4に、受刑者間の交談に関しては、地方および重罪者刑事施設に収容の長期受刑者に課していた交談の禁止を、そのもつ不自然さから止め、条件付ながら慎重な監視下で交談を認めるべきとする[222]。

第5に、刑事施設における規律と懲罰に関しては、「概して、規律違反行為に対する懲罰を規律する規則は、所期の通りでありえたし、また作用してきてもいる」と現状を認識したうえで、さらに近時は懲罰の過酷さが緩和されているとする[223]。グラッドストーンリポートは、刑事施設内の生活が必然的に持

続的で厳格な規律を意味するものであることを肯定し、①減食に関し慎重な手続きの保障を伴って存置すること[224]、②緩和された身体罰の現行制度を追認していることに特徴がある。これは、新たな交談可能な交流作業、すなわち「作業場労働の拡大」[225]の採用提案が、デュ・ケーン体制下で築かれた規律違反とその違反行為への懲罰に関する制度と基本的に適合するものであったことを意味している。言いかえれば、デュ・ケーン体制下の懲罰制度は、新たな受刑者の労働力活用という次時代の要請に応えるために、基本的に踏襲、整序され、止揚されたことを意味する[226]。

なお、巡視委員会は、中央の刑事施設管理委員の権限下に服しながら、さらに直接的で、補完的な刑事施設の管理機能を分担するように、責任と義務を強化すべきとする[227]。

(4) グラッドストーンリポートの性格

以上、グラッドストーンリポートの主要な部分に触れたが、このリポートはどのように位置づけられるのであろうか。その立法化は少し遅れ1898年に入るのであるが、同リポートは以後の、言いかえれば近代刑罰法制＝行刑制度確立の理論的基礎となったことから、そのもつ意味を2点につき検討しておこう。

第1は、グラッドストーンリポートが立脚し、その客観的な基礎としてきている刑罰法制、行刑制度の性格についてである。1865年そして77年の刑事施設法の成立と施行によって、中央集権的な国家官僚組織である内務省が合法的に、犯罪者に刑罰を科し、処遇する権限を掌握してきていたことである。この時期は、刑罰法規に違反する犯罪者を統制、管理し、処罰するという行政内の特定領域として、行刑の中央集権的官僚制度が確立する過程にあったことである。まさに、近代的刑罰法制の客観的基礎が確立してきたと言うことができよう[228]。

第2は、グラッドストーンリポートは、この近代的刑罰、行刑制度の確立に正当化根拠を与えるとともに、さらにはその後の展開を導く理論的基礎となるにふさわしい特徴をもつものであった。もっとも、グラッドストーンリポート

は、実践的、政策的課題に応えるものであるだけに、純化された近代的刑罰・犯罪者処遇の理論から導かれるものではなく、歴史・時代的拘束を受け、種々の前近代的な挟雑物を含むものではあった。したがって、グラッドストーンリポートの理論特徴は、その主要な理論的基礎の側面として表現されよう。

グラッドストーンリポートから看取できる近代刑罰制度確立期の犯罪者、刑罰観とは、①生ける社会的存在として生活環境、年齢、性、犯罪の進度などに差異をもつ多様な犯罪者像、②抑止と併せ、刑罰に特別予防目的を担わせた、規律ある改善的処遇、すなわち抑止と改善（＝社会復帰、福祉）に重点を置く処遇、③刑罰によって改善可能とする楽観的犯罪者・処遇観、④犯罪者を処遇の客体とするパターナリスティックな処遇観として要約することができよう[229]。

しかし、このグラッドストーンリポートに対する批判は、急激な改革を恐れる立場からのものであり、その1つは、デュ・ケーンによってであり、他の1つは、ハワード協会とタラックによるものであった[230]。

政府は、グラッドストーンリポートの公刊直後のデュ・ケーンの退職とラグルズーブライス（E.Ruggles-Brise）の刑事施設管理委員長への就任を通じ、またその後の3年間に、リポートの主要な勧告を立法化するために国民の支持を取り付けることに成功した[231]。ラグルズーブライスは、文民出身であり、すでに1892年に刑事施設管理委員に就任していたが、アスキス内務大臣は、彼を同委員長に任命する際、「（グラッドストーン）リポートの諸見解が、可及的速やかに実施に移されるべきとする政府の強力な意向を表明し」ていた[232]。こうして、ラグルズーブライス管理委員長（体制。1895~1921）の下で、グラッドストーンリポートのいくつかは法改正を伴いつつ、立法に拠らず具体化されることになった。

3 1898年刑事施設法：リポートの立法化

1898年刑事施設法は、保守党政権下にあって、H・グラッドストーンを含め自由党（The Liberals）による支持を受けて成立した[233]。同法は、全文16条

からなる短いものであるが、「1898年法は、すべての範疇の刑事施設の、しかも1948年の刑事司法法が通過するまでの50年間の規則制定を内務大臣が行うことを可能にするものであった」[234] ことによって、翌年成立した刑事施設規則と相俟って、これまでの行刑制度の修正と転換を法制的に確立するものとなった。

　同法の特徴は、つぎの7点にある。第1の特徴は、設置当初から国立の重罪者（Convicts）刑事施設における業務と国立移管した地方刑事施設の業務とを一体化し統合したことにある。これは、刑事施設管理委員が、組織上、重罪者刑事施設の監督官と一体化し、また地方刑事施設に対してもっている査察官など、職務遂行に必要な職員の配置を同様にできる規定によって可能となった（同法1条）[235]。

　第2は、内務大臣に行刑制度に関する規則制定権が委ねられ、立法によることなく規則によって弾力的に実務を運用することが可能となったことにある。これは、内務大臣に、「規程によって処理される事項」および「刑事施設規則によって規定されるべき事項」の制定権限を認め、刑事施設規則に関しては、ロンドン官報に公示される日から発効することになった（同2条）[236]。

　第3に、重罪者刑事施設にも巡視委員会（Board of Visitors）を設置したことにある。巡視委員会は、地方刑事施設に対するものと同様の委員会であるが、内務大臣によって任命される2人以上の治安判事によって構成され、BoardとCommitteeの用語法の違いや、権限および義務は刑事施設規則に委ねられていることに違いはあるが、地方刑事施設のものと同一である（同3条）。重罪者刑事施設規則によれば、巡視委員会は、従来監督官がもっていた受刑者の重度の、または再度の規律違反行為に対する裁定・懲罰の権限を引き継ぐものである[237]。3年任期の巡視委員会は、監督官から受刑者の被疑規律違反行為の照会を受け、同行為の聴聞・裁定を行う懲罰裁定機能と併せて、受刑者からの不服申立の聴取・調査機能をもつことになった。とくに、身体罰の裁定は、巡視委員会に委ねられた[238]。なお、規律違反行為は、交流労働への移行による拘禁形態の変化に照応したものとなり、またその裁定・懲罰手続きが部分的に整えられている[239]。

第4に、懲罰としての身体罰を例外的なものに限定し、また懲罰による屏禁室収容を原則的に不要としたことにある（同5、7条）[240]。

　第5に、地方刑事施設の受刑者にレミッション（減刑）を拡大したことにある。これは、重罪者刑事施設に採用されていたレミッションと同様に「特別な勤勉と善行（＝良好な行状）」を基準とする減刑制度を導入し、刑期を満了した早期釈放を可能にするものである（同8条）[241]。

　第6に、裁判所は有罪の被拘禁者に対し、労働の付加の有無（刑種）および罪質・前歴を考慮し、収容分類を指定して科刑することが可能となったことにある（同6条）[242]。これによって、受刑者の分類収容が採用され、同時に分類処遇が採用され、点数制の累進処遇制度が堅持されたことで[243]、受刑者の分類処遇・累進処遇制度の法制が確立し、犯罪者処遇の個別化、多様化が図られることになった。

　第7に、罰金不完納による被拘禁者に対して罰金納付による相応の刑の軽減を認めたことにある（同9条）[244]。

　このようにして、1898年刑事施設法は、行刑組織、処遇形態、分類制など行刑制度上のいくつかの基本的柱となる法改正を導いたのであるが、同法2条に基づく内務大臣の定める刑事施設規則によって、内務省・行刑官僚の主導する行刑実務が「法」制的に整備されることになった。もっとも、行刑実務は、同規則によって実際には従来の実務を明文化しただけの連続性の部分も多い[245]。いずれにせよ、犯罪者処遇理念については明記されることはなかったものの、1898年刑事施設法は、翌年の重罪者刑事施設規則、地方刑事施設規則と一体となって、グラッドストーンリポートの勧告を実施するものであった。

　ここに、社会的存在としての多様な生きた犯罪者に着目し、累犯予防を目指し改善的・社会復帰的処遇を取り入れた、多数を占める一般犯罪者を対象とする刑事施設における基本的処遇として法制的に確立することになった。このことによって、刑罰法制は、少数を占める至った重懲役刑受刑者を対象とする重罪者刑事施設における処遇から、多数の拘禁刑受刑者を対象とする地方刑事施設における処遇へと重点を移動させることになった。それは、従来の分離独居拘禁制度の例外化（懲罰および重懲役受刑者の当初6か月）であり、受刑者の

生産的労働と労働力を改善・経済効果面から積極的に評価し活用するもので、集団的労働を可能とし、劣位原則を緩和した処遇形態への道を開くものであった。

　その際、グラッドストーンリポートの示した改善・抑止という刑罰の併合目的は、つぎのようにして確保されたといえよう。すなわち、施設内処遇にあって、刑罰の抑止目的は全体的には、拘禁ないし強制された重労働によって、そして部分的かつ集中的には、重大犯罪者である重懲役刑受刑者の処遇、とくに初期段階の分離独居拘禁の堅持によって、さらには規律違反の懲罰によって担保されたのである。刑罰の改善目的は、緩和された劣位原則下での拘禁条件と交流作業（重労働）による労働規律・習慣を体得させることによって達成しようとするものであった。改善目的は、まさに受刑者の「社会」復帰にあり、しかも改善手段は刑事施設外の社会それ自体の中にあるとする。改善された受刑者モデルは、資本主義的な生産関係における誠実で精励さのある賃金労働者をモデルに設定されたものであり、社会的反映物であることが分かる。このことを、刑事施設の中に擬制された社会的生産関係を採用することによって行おうとしたのである[246]。

　しかし、刑事施設内労働は、強制を伴う不自由な労働という擬制物であり、モデル化され観念化された「あるべき人間像」に立脚するものであるがゆえに、矛盾を孕む現実社会に生きる人間関係を反映したものではなく、本来的に限界を抱えるものである。それゆえ、刑事施設内における「改善」は、二重に、すなわち第1に、部分社会でしかない施設内処遇がもつ「社会化」の限界から、第2に、観念化された受刑者モデル設定の限界から、「社会内」処遇における「改善」にも遠く及ぶものでさえない。いずれにせよ、「改善と抑止」の刑罰に支えられた1898年刑事施設法は、近代刑罰法制としての確立を意味したが、未だそのもつ矛盾を運用によって顕在化させるものではなかった。

　こうして1898年刑事施設法および関連刑事施設規則によって、施設内処遇としての重懲役刑および拘禁刑は、抑止効果をもつ主要な刑罰となった。これにより、この時期の刑罰制度は、死刑（絞首刑）、重懲役刑、拘禁刑、鞭打ち刑、罰金刑、善行保証（Recognisances）、プロベーション（Probation）とな

った[247]。

4 スコットランド行刑の弾力性:1896年規則

これに対し、スコットランドにおいては、1877年施設法の施行後の刑事施設被収容者数を見ると、表3の通りであり、特徴として重懲役刑受刑者数は、1891年以降数年をピークとし、以降、減少傾向にあった。一般受刑者数は、1890年にかけての減少から1890年以降の増加傾向を指摘できる。重懲役受刑者の増加は、1877年施設法の施行によって、1886年以降、アバディーン州のピーターヘッド（Peterhead）に重罪者用の総合刑事施設が設置され、イングランド地方から同受刑者が移送されたことが大きな要因である。スコットランドにおいても、イングランド地方と同様に、施設収容者総数の増加要因は、短期刑言い渡しの多用と常習犯罪者の増加によるものであるが、重懲役刑の単年言い渡し数は減少していた[248]。

表3 スコットランドにおける被収容者数（1880〜1899年）

年 (単年)	推定人口	被収容者総数 男　女　計	民事拘禁 男　女　計	精神異常犯罪者 男　女　計	重懲役受刑者 男　女　計	一般受刑者 男　女　計
1880〜81	3,705,994	1,936　1,000　2,936	71　3　74	39　18　57	1　188　189	1,825　791　2,616
1885〜86	3,907,736	1,664　744　2,408	0　0　0	43　18　61	68　138　206	1,553　588　2,141
1890〜91	4,045,154	1,803　604　2,407	0　0　0	44　15　59	335　61　396	1,424　528　1,952
1891〜92	4,063,451	1,928　624　2,552	0　1　1	42　15　57	397　54　451	1,489　554　2,043
1895〜96	4,186,849	1,906　598　2,504	0　0　0	40　18　58	359　23　382	1,507　557　2,064
1899	4,281,850	2,124　625　2,749	0　0　0	45　5　50	295　8　303	1,784　612　2,396

Annual Report of the Prison Commissioners for Scotland, for the year 1899, Cd. 138, 1900, *XVII*, at 11.

これらの社会背景に触れれば、1870年末から1890年代にかけての社会は、イングランドと同様に、大恐慌（1873－96）はレッセフェール（laissez-faire）の自由放任的資本主義の諸前提が掘り崩される状況にあった。1860年代の鉱山

労働組合の運動など全国的な影響をもつ急進的な政治、労働、社会運動も展開されたが、その挫折があり、また労働基本権の一定の法的承認＝刑事罰から解放、1884年の公民権拡大（第3選挙法改正）などによって、やがて総体として、これらの運動は、集団としての政治活動などに結実し、穏健なものへと変化してきた。しかし、依然として、1880年代半ばには、スコットランドの労働者階級は「悲惨な住宅・悪健康・粗末な学校・低所得」[249]の状態にさらされていた。

では、行刑および刑罰の制度的展開はどのように変化したのであろうか。1877年施設法によって、スコットランドの行刑制度は、イギリス政府下の中央集権的な行刑制度に法制的に組み込まれたのであるが、これはイングランド（およびウエールズ）の場合と様相を異にしていた。

イングランドの場合、1877年刑事施設法は、内務大臣（内務省）──刑事施設管理委員を頂点とする中央集権的な行刑を管理・管轄する法制が確立したものの、これは制度確立の出発点であり、デュ・ケーン体制下の19年間で制度化されたものであった。しかも、イングランドの行刑制度は、デュ・ケーン体制に示された①軍隊的位階制による訓練された職員、行刑の経済・統一性による官僚組織（刑事施設局）による刑政運営、そして②抑止的な処遇制度としての劣位原則に基づく非生産的・第1級重懲役（踏み車・クランク等）による沈黙分離独居拘禁、という両輪に支えられ運営されたものであった。しかし、この後者の車輪は、やがてグラッドストーンリポートおよび1898年刑事施設法、1899年の重罪者および地方刑事施設の各規則によって、「抑止と改善」を刑罰目的とし、緩和された劣位原則である生産的労働へと修正を余儀なくされるものであった。

これに対し、スコットランド行刑制度の場合、1877年施設法は合理化された行刑組織が、新たな形態で中央集権化されたと見ることができよう。すなわち、同行刑制度は、①行刑組織の2段階の中央集権化、②「抑止と改善」を刑罰目的とする顕著に緩和された劣位原則による生産的労働・緩和された分離独居拘禁、という両輪に支えられ運営されていた。前者の行刑組織運営の車輪は、すでに1839年の刑事施設（スコットランド）法によって法制的に総合委員会の

下で合理化が進行し、1877年以前に法制度としてスコットランド地方内における第2段階の「中央」集権が完成してきていた（本章1節5参照）。

そして、1877年施設法は、このスコットランド地方内で完結する特徴ある「中央」集権的行刑組織を、そのまま中央政府、すなわちイギリス政府（スコットランド省）――コミッショナーを頂点とする中央集権的な行刑下に組織的に組み込み、編入させたものであり、これは第2段階の中央集権化、法制度化の完成というべきものであった[250]。しかも、後者の緩和された分離独居拘禁に象徴されるスコットランド犯罪者処遇制度は、中央政府の刑政管理による支配を受けながらも、刑罰目的から「改善的」要素を排除することはなく、むしろ脈々と引き継がれていったと見ることができよう。このことを可能にしたのは、連合王国の国家形成に際して、スコットランドとイングランドが締結したウエストミンスター条約（1706～7年）によって確認された1つであるスコットランドの裁判制度を基本的に存置するとしたことに起因すると思われる[251]。

いずれにせよ、1877年施設法に基づき、中央政府の内務大臣（スコットランド省担当大臣）によって任命された刑事施設管理委員である歴代コミッショナーは、デュ・ケーン体制方式の行刑および犯罪者処遇を執ることはなかった。この点で、スコットランドにおいては、修正すべきデュ・ケーン体制の行刑制度をもつ必要はなかった。したがって、スコットランドにおいては、1877年施設法の弾力的な実務は、1896年6月、刑事施設規則（全472条）[252]によって整序されるに留まり、イングランドに適用された1898年刑事施設法ないし類似の制定法を必要としなかった[253]。1896年刑事施設規則は、いわば、イングランドのグラッドストーンリポート（1895年4月公刊）の思潮が、デュ・ケーン退職後に、スコットランド担当大臣によって、制定法によらず規則として具体化されていると見ることもできよう。

以下においては、（1）コミッショナー制度と行刑、（2）1896年刑事施設規則と行刑組織の再編成とに触れ、最後に（3）として、スコットランドにおけるグラッドストーンリポートともいうべき、1900年のエルギン卿（The Earl of Elgin and Kincardine）リポートを見ることによって、スコットランドにおける近代刑罰制度の到達点の一端を明らかにする。

(1) コミッショナー制度と行刑

1877年施設法によって新設された中央集権的な行刑管理組織であるコミッショナー制度は、組織としてコミッション（Prison Commission for Scotland）とも呼称できるものあり、1929年の廃止まで存続するが、イングランドと異なり、「スコットランドの伝統から、法律的経験と公衆の利益との結合」[254]を表すものであった。コミッショナーの委員長には、初代（1877-1880）および第2代（1880-1895）とも、パース州裁判官であるリー（Thomas Lee）およびスコットランド上級弁護士（Adovocate）のベル（Andrew B.Bell）のように法律職の経験者が就任し、地域社会との関係は維持されていた[255]。とくに、ベル委員長の下で、1885年にコミッショナーに任命され、1896年から1909年にわたり、委員長を務めたマッカーディ（Alexander Burness McHardy）[256]は、イングランドの管理委員長デュ・ケーンと類似の現役軍人で、また彼の下でイングランド行刑に関与してきた人物であったにもかかわらず、スコットランドの経緯を踏まえ、彼とは異なる行刑制度の継続と改変を行った。

マッカーディは、刑罰目的を「抑止と改善」に置き、精神科の専門家の採用などによって犯罪者の科学的、心理学的治療の展開を試みた。しかし、彼は、イギリスの全体傾向がそうであったように、完全な実証主義的な立場を採ることなく、古典学派的刑罰観に立った罪刑法定（Legalism）の枠内での折衷的立場を採った。行刑組織は、経費の節減と統一した刑事施設規則による処遇を掲げる点においては、イングランドと共通の行刑合理化の流れに与するものであった。犯罪者の拘禁形態と処遇に関しては、独居室の活用、刑事施設内での交流労働の効果、スコットランドの現状である受刑者の三分類等を説いた。また、受刑者に対する生産的労働が改善的効果を挙げるとした[257]。このように、スコットランドにあっては、コミッショナーが犯罪者の置かれた社会をリアルに直視し、犯罪者の社会復帰に向けた処遇実務を踏まえたことによって、マッカーディ委員長下にあっても、グラッドストーンリポートによる処遇基準の転換を経ることなく、結果的に同時のラグルズーブライス体制下と類似の刑罰執行と犯罪者処遇体制が存続し続けることになったのである。

これらを、1896年刑事施設規則と行刑組織の再編成とによって、少し見てお

こう。

(2) 1896年刑事施設規制

1877年施設法の成立以降、整備された刑事施設規則が、スコットランド担当大臣によって制定され、両院への提出手続きを経て、1896年6月に施行された（以下、1896年刑事施設規則という）[258]。この刑事施設規則は、後年、イングランドの内務大臣が制定した、前述の1899年の2つの刑事施設規則と部分的に同一の文言となっていることから、そのモデルとなったと考えられるが、以下では、重複をできるだけ避けて特徴点のみに言及する。イングランドとスコットランドの両施設の対応関係では、重罪刑事施設→総合刑事施設、地方刑事施設→地方の一般刑事施設とほぼ対応している。1896年刑事施設規則等によって明記ないし変更された特徴ある点はつぎの通りである。

明記された第1点は、刑事施設長は「受刑者の有益な使役および勤勉さの修練を奨励し、さらに常習犯罪者から生じ得る初犯受刑者への悪風感染を防止する手段を講じるものとする」[259]として、生産的労働による改善を掲げる。第2点は、拘禁形態について、「受刑者は、夜間および特定の交流労働に従事しない限り昼間も使用する、自分に割り当てられた独居室をもつ」とする、緩和された分離独居拘禁であることを示している[260]。第3点は、受刑者の待遇について、劣位原則が緩和されており、「十分な寝具。厳しい天候期間中または特別な場合、余分の衣類と寝具」、「受刑者の性別、使役、諸事情を考慮した……十分な量の健康に良い糧食」が支給されるとする[261]。第4点は、重罪受刑者には累進処遇制が適用されることである[262]。

変更された第1点は、巡視委員会の構成と権限に関してである。巡視委員会は州議会（County council）が指名する委員と市町村（バラ）の治安判事が指名する委員によって一般刑事施設ごとに1年任期で構成されることになったことである[263]。また、「受刑者の非行または怠慢行為に関し刑事施設長が作成した報告書について聴聞し裁定する」ことができる規定を置いたことである。これは、刑事施設長による規律違反行為に対する重度の懲罰の申立を受けて、巡視委員会が、理由および拘禁期間を書面に特定し、14日以内の懲罰（24時間

の懲罰室への屏禁、24時間以上の拘禁）を命じるものである[264]。1877年施設法に見られなかった巡視委員会の重要な懲罰裁定機能が中央政府＝スコットランド省（担当大臣）によって挿入されたことになる。実際の運用の有無、実効性については資料的に明らかにし得ないが、巡視委員会が受刑者の懲罰権限機能を規定上とはいえもったことは、「法制」面での制定法によらない行政によるイングランド化である中央集権化の現れと見られる。

　変更の第2点は、新設のバーリニー（Barlinnie）総合刑事施設における規律違反行為および裁定・懲罰手続きが規定され、イングランドの重罪者施設の手続きと同一となったことである[265]。

　このように見ると、スコットランドの行刑および犯罪者処遇は、デュ・ケーン体制がなかっただけに法規的に、イングランドの1989年以降の行刑関係法規のモデル、もしくはイングランドで内務省が果たそうとした「抑止と改善」の刑罰目的に象徴される処遇をスコットランド省によって先取りしたものであったといえる。しかし、にもかかわらず、両地方間の行刑制度に違いが生じたのは、法規適用のタイムラグがあったことだけによるものではなく、制度化と実務運用に結実するスコットランド地方の専門家および住民の歴史的伝統と影響力の違いによると思われる。中央集権的な行刑法規は、行刑場面におけるコミッショナーおよび行刑実務家の歴史的および人道的伝統に支えられ、犯罪者の置かれた社会的現実を直視し、弾力的に運用されたと見るべきであろう[266]。

　しかし、制度運用における人的要素は制度内にあって一定プラスに作用する場面があるとしても、中央政府による法規の存在と支配による合理的統治 ── それ自体が自己目的化する危惧はあるものの ── によって劣勢に立たされる面を常に抱えることになり、また法規自体の内包する問題を軽視することになろう。このことは、スコットランドの行刑（犯罪者処遇）および刑罰法制のなかで、例外的位置を占めた「男子」重罪者刑事施設における規律違反と懲罰法規自体が抱える最終的手段（物理的強制、身体罰）の妥当性を問い、死文化条文であれば法規上、廃棄し得る方途を考えるべきことを意味するものである。そうでなければ、スコットランド行刑の担い手は、これらの最終的手段は「抑止」手段としてにせよ、必要とする立場と同一平面に立つものである。であれば、

逆に、これらの最終手段が担保されていることによって、彼らの裁量の余地が生まれたということになろう。その時でさえ、その抑止手段の内容と妥当性が依然として、問われるべきなのである。

なお、行刑組織の再編成に関しては、総合刑事施設と地方の一般刑事施設の2種類が設定されていたが、1882年、総合刑事施設はパース施設以外に、ラナーク州グラスゴー近郊のバーリニー施設が設置され1904年には、この2種類の施設区分を廃止し、一般刑事施設に一本化された[267]。

(3) エルギンリポート

スコットランドにおいては、デュ・ケーン体制を転換するために行刑制度を調査する必要はなかった。しかし、犯罪者処遇制度を検討すべきとする議論は、第1に、19世紀末の一般受刑者数の増加、第2に、議員による行刑制度の調査要求とによって高まった[268]。スコットランド担当大臣バルフォア（Lord Balfour of Burleigh）卿は、1899年8月、調査委員会の設置を約束した。これが、エルギン委員会といわれるもので、同委員会は全体として、スコットランドにおけるグラッドストーンリポートともいうべきもので、これと同一基調のリポートを、翌1900年5月に公表した[269]。エルギンリポートは、「スコットランド刑事施設においては受刑者の処遇全般に欠陥はない」との見地から、「いずれの国家刑罰制度においても、犯罪者の改善は常時留意すべき目的である」とし、刑罰目的を改善とする旨を示している[270]。

受刑者の処遇に関しては、1896年刑事施設規則の立場およびマッカーディの意見を評価した上で、「若年犯罪者が凝り固まった常習犯罪者とならないように、改善的処遇の年齢を広げる」べきとの証言を肯定する[271]。受刑者の労働に関しては、「スコットランドにおいては、踏み車踏み、および他の非生産的労働の形態の利用を何年にもわたり停止してきた」ことに留意すべきとし、「労働を道徳的ないし改善的影響をもつものとして用いる」ことを説く[272]。

このように、エルギンリポートは、スコットランドの行刑の到達点を確認し、積極的な評価をしながらも、その掲げる刑罰の改善目的、生産的労働が必ずしも楽観的な期待をもてるものではないこともリアルに見たものであるといえよ

う。そのうえで、同リポートは、若年犯罪者対策を科学的（治療的）、改善的処遇によって採ることで、常習犯罪者への悪循環を断とうとしたものである。

以上、スコットランドの近代的行刑制度の法規定と担い手、そのイギリスに先行した行刑実務と独自性、そして刑事施設規則におけるイングランド化について検討を終えたが、これらは近代刑罰法制度の確立とその有効性の陰りを含むものでもあった。

第4節　小　括

本章において、19世紀、とりわけヴィクトリア期（1837－1901年）を中心とした社会状況および犯罪現象と、これに対応した政府における犯罪者のイギリス本国（ブリテン）内処遇政策を巡る論争、行刑立法、行刑制度を概観してきた。

19世紀前半から、犯罪の大量現象と社会的無秩序に直面し、さらに①死刑の犯罪抑止効果の衰退、②死刑に代替し抑止刑の第1順位を占めた流刑およびハルクの制度的廃止が現実化した。政府は、これに対応し警察制度の確立をするとともに、イギリス本国内において完結する本格的な重罪犯罪者処遇のために、国立の懲治刑施設、のちには重懲役刑の重罪者刑事施設を設置し、「宗教教誨と非生産的労働」を処遇内容とする抑止刑の執行として、分離独居拘禁制度を確立し始めた。犯罪者の処遇は、拘禁形態を巡る論争のなかで、福音主義的宗教教誨による改悛に比重を置く立場（G・グレイ）が支配的となり、その後、さらに非生産的労働に力点を置き、しかも劣位原則による処遇へと変化を遂げた（ジェブ）。この政府を巻き込んだ犯罪者の処遇形態をめぐって続いてきた論争は、当初は社会の資本主義的な商品生産関係をそのまま反映した議論（ベンサム）ではなく、理性的・観念的人間（犯罪者）観に立脚した議員・官僚など支配的階層間のイデオロギー論争であった。

他方、地方自治体の管轄する短期拘禁刑用の刑事施設（矯正施設）の惨状は、犯罪者「処遇」に値するものではなく、国立刑事施設をモデルにした刑事施設

建設が財政難によって、一部地域でのみ進められるに留まり、急速に打開されることはなかった。

19世紀半から犯罪現象の安定期のヴィクトリア中期にかけて、国立重罪者施設の建設と処遇のモデル化は、現役軍人の監督官（ジェブ→ヘンダーソン→デュ・ケーン）によって推進された。次第に、中央集権化と軍隊的規律（職員位階級）の制度は、国立重罪者施設のみならず、立法化によって地方刑事施設、さらにスコットランド地方にまで波及し、影響力をもち始めた。1850年および1865年の刑事施設法、1860年刑事施設（スコットランド）法は、政府の中央集権的な国立および地方の刑事施設および行刑制度を推進するものであった。もっとも、そのなかには、巡視委員会の設置および構成のように地方との妥協措置も執られた。

行刑制度の中央集権化の画期となったのが、1877年の刑事施設法および、刑事施設（スコットランド）法の立法化であった。これらの制定法は、一方で地方の財政難と地方施設の管理の苦境を救い、他方で刑事施設管理委員（コミッショナー）による統一的で、経済的な中央集権的行刑管轄と、抑止的な劣位原則による犯罪者処遇を導くものであった（デュ・ケーン体制）。それは、内務大臣による立法化によらない規則による行刑管理に道を開くものであった。しかし、この立法過程を見るとき、立法の理由は必ずしも説得的ではなかった（リーランズの反対意見の説得性）。このデュ・ケーン体制下の刑事施設における規律は、独居拘禁および分離拘禁の拘禁形態であることから、強固な施設建築物自体によって大半は維持されるものであったし、累進処遇がこれを補完するものであった。

以降のヴィクトリア後期の行刑制度は、抑止目的を基本に据えた非生産的な労働による処遇、とりわけ重罪者刑事施設における処遇の破綻とその転換を見せた（犯罪者像の変化、累犯問題）。1895年のグラッドストーンリポートは、すでにスコットランドの行刑実務で実施されていた刑罰目的を「抑止と改善」とする立場から、分離独居拘禁および劣位原則を緩和し、生産的労働の処遇への転換を勧告した。その立法・規則化が、1898年刑事施設法と1899年重罪者・一般刑事施設の各規則であった（ラグルズーブライス体制への移行）。こ

の緩和された分離独居拘禁形態、すなわち受刑者の交流労働とそれに伴う一定の交談の許容（＝労働力の活用）は、施設内の「秩序と規律の維持」の方法に変化をもたらすものであった。詳細な施設規則の制定の必要性と懲罰裁定組織の複線化ともに、累進処遇の積極的な活用が行われるものとなり、懲罰としては、過去に刑罰であった抑止的で、身体への直接強制的なもの（非生産的労働、身体罰、戒具）が用いられることになった。刑事施設の秩序と規律維持のための懲罰は、前時代の前近代的刑罰の形態によって最終的に担保されるものであった。

　スコットランドにあっては、1877年刑事施設法の成立によっても、歴史的伝統に支えられた犯罪者の改善（社会復帰）に重点を置いた犯罪者処遇がマッカーディ・コミッショナーによっても続けられた。行刑実務を踏まえた1900年エルギンリポートは、グラッドストーンリポートと対を成し得るものであるが、すでに改善的処遇の陰りを指摘していた。

結 論

　イギリスにおける近代刑罰法制の確立は、第1に、刑罰制度それ自体の近代的変容・編成によってであり、第2に、刑の執行、すなわち行刑組織の編成によって特徴づけられる。

　第1の点は、刑罰それ自体と、その執行を保証する「秩序と規律」の維持形態、すなわち懲罰によってである。近代刑罰の確立は、近代商品生産制社会において商品的価値をもつ労働力を、全体社会のみならず、部分社会である刑事施設内においても評価し、最終的に、施設内における改善・教育によって受刑者を労働力の保有者として高める「社会化」を強制することによって、犯罪抑止効果をも挙げようとする過程を辿り、全体社会と刑事施設の部分社会の労働観との照応状態が生まれるに至る点に特徴がある。その原初形態は、地方の矯正施設の重労働（拘禁刑）にあったし、まさに職業訓練的な側面が見られたのは、このことを示している（2章1節）。

　その後、ハルクおよび途中から流刑においても、この労働と結合した刑である重懲役が、後には重懲役刑そのものとして独立した刑罰として位置づけられたことは、近代的刑罰化の始まりといえるものであった。しかも、当初は、受刑者の労働（懲役）に重点が置かれるよりも、拘禁と宗教的・福音主義的な感化にこそ処遇の重点が置かれるものであり、社会性よりも受刑者の内心への宗教的覚醒作用によって改善を図ろうとする、その特異性のある処遇観に一時期支配された（1779年懲治施設法。2章4節）。

　しかし、次第に、重懲役刑が労働強制自体に重点を移したことは、刑事施設における作業＝重懲役が、近代社会の生産関係における労働の役割との照応関係を、行刑当事者がそのことを自覚していたか否かを問わず、客観的には次第に強め始めたものであった。これこそが近代的な刑罰化といえるものであった。

しかも、これらの重懲役刑が、刑罰制度において、死刑および流刑に替わって抑止刑として第1順位を占めるものとして法制化が行わたことをもって、懲役刑そして補充的に労働を伴う拘禁刑が近代的刑罰として法的に編成されたということができよう。これが1877年の刑事施設法および刑事施設（スコットランド）法によってであった。そして、スコットランドにおいては、この時期から、イングランドにあっては1995年のグラッドストーンリポート、続く1898年刑事施設法等によって、重懲役刑が労働強制に改善効果をもつものに変容された時点で、法制的に近代的刑罰として確立したのである。

　第2の点の近代的行刑組織は、イギリスにおいては中央集権的行刑組織の編成を可能にした法制によって、すなわち、同じく1877年の刑事施設法および刑事施設（スコットランド）法によって、法制的に確立することになった。しかも、同行刑組織は、内務省およびスコットランド省（ホワイトホールの中央官僚組織）の両大臣と、その任命する刑事施設管理委員（コミッショナー）を頂点とする組織として編成された。その際、行刑組織は、イングランド的特徴として、軍隊的な職員位階制を敷いたデュ・ケーン体制によるミリタリズムを残すものであった。検討を通じて、この行刑組織の中央集権化は、中央政府の集権を自己目的化したものであり、地方施設を重懲役事施設化する無理のあるものであったことが明らかになった（3章2節9）。

　また、行刑組織体制（および犯罪者処遇）のミリタリズムは、①イギリスの中央集権的な行刑組織の編成にあたって、当時の犯罪を戦争のアナロジーで捉え、死刑・流刑・ハルクに代替する重懲役を科される重罪犯罪者を前提にした処遇観が軸になっていたこと、②軍人との兼職の行刑責任者と軍人あがりの行刑職員の枢要な人的構成によって作り上げられた系譜をもつ「危機管理」的な特殊性のある時代状況の産物であったこと（3章2節3・4、3節2）などのイギリス的特徴を固有にもつものであったことも明らかとなった。このミリタリズムが行刑組織の規律と懲罰にも1世紀にわたり貫かれ、普遍化され諸外国に波及することになったと見ることができよう。

　最後に、刑罰目的としての「抑止と改善」（グラッドストーンリポート、エルギンリポート）による正当化は、重懲役刑・拘禁刑によって達成しようとし

た楽観的な犯罪者処遇の歴史的到達点ではあったが、この近代刑罰法制の確立期にはその実現に大きな疑念はなかった[1]。施設内労働という（重）懲役の犯罪抑止と改善の効果に対して、懐疑や問題性がもたれ転換を大きく始めるのは、近代刑罰の確立に続く全盛期（1930、40年代、1952年刑事施設法）を経た後にであった[2]。

注

第1章

1) Criminal Justice Act 1991, ss. 84-88.
2) Deloitte, Hawkins and Sells, A Report to the Home Office on the Practicality of Private Sector Involvement in the Remand System, 1989.
3) Vivien Stern, BRICKS OF SHAME:PRITAIN'S PRISONS,updated 1993, at 269-276.
4) 最後の陸軍刑務所 (The Military Corrective Training Centre,Colchester) の民営化 (Privatization and contractig out) も決まった。The Independent, p.2, 25 Aug.1995.
5) Prison Security Act 1992. 本法によって、刑務所暴動罪 (Offence of prison mutiny) が10年以下の拘禁刑もしくは罰金刑として創設され、1954年刑事事施設法にあった逃走関与罪 (Offences of assising prisoner to escape) は刑が加重され、5年から10年以下の拘禁刑に引き上げられた。ss.1-2.
6) Prison Disturbances April 1990: Report of an Inquiry by the Rt Hon Lord Justice Woolf (Parts I and II) and His Honour Judge Stephen Tumim (Part II), Cm1456, HMSO, 1991. paras.14, 363-438, at 421-432. ウルフリポートは、1990年4月1日に発生したマンチェスターのストレンジウェイ (Strangeway) 刑務所暴動の調査報告書であるが、検討対象は刑事施設制度全般にわたり、調査方法も画期的な被収容者からの聴取、公開セミナー方式での関係者からの意見聴取などを行ったこと、さらには結論である勧告内容では刑罰制度が「保安、統制、公正」(paras. 9.19-20) の均衡の取れたものでなければならないと説いたこともあり、従来のリポートとは著しい対照をなし、各界でも好感をもって受けとめられた。ここまでのリポートを必要とした事態の深刻さは、暴動参加者309、うち1名が負傷後死亡、147名の刑務官の負傷、損害額6千万ポンドに示されるが、暴動終結後も他の18刑事施設の暴動等に波及し、この時期は内務省が何らかの政策変更を取らざるを得ない危険な状況にあった。 Prison Reform Trust and Howard League for Penal Reform,WHO'S AFRAID OF IMPLEMENTING WOOLF, pp.7, 1991.Rod Morgan and Helen Jones, Prison Discipline:The Case for Implementing Woolf, Brit J.Criminol.vol.30, No.3, 1991, at 280.R.Morgan, Following Woolf:The Prospects for Prisons Policy, 1992, at 231. (ブリストル大のモーガン教授は委員会の専門助言者の1人であった)。リポートは、従来の刑罰制度を支えていた理論を批判するとともに、新しい指導原理として、被収容者が生活し、職を見付け、定住する地域社会に位置した小規模のユニットに区分された刑事施設となるべきとしている。思うに、転換を余儀なくさせた要因として、ヨーロッパ人権裁判所の一連の判決のもったインパクトを挙げなければならない。イギリスの巡視委員会制度がその独立

性と公平性の点で、ヨーロッパ人権条約 (European Convention on Human Rights) の6条1項に違反することが明言され、イギリスの同制度の改正が急務となっていた。Application 7819/77, 7878/77, Campbell and Fell v United Kingdom (1984) 7 EHRR 165, ECtHR. とくに、このキャンベル他のケースは、イギリス国内に決定的な影響を与え、1985年の内務省内のプライヤー (Prior) 委員会リポート、1986年白書「イングランドおよびウエールズにおける刑事施設の懲罰制度」の公表など法改正への動きを取らせ始めていた。Home Office, REPORT OF THE COMMITTEE ON THE PRISON DISCIPLINARY SYSTEM, Cmnd 9641, 2 Vols., 1985.Home Office, THE PRISON DISCIPLINARY SYSTEM IN ENGLAND AND WALES, Cmnd 9920, 1986.

7) Home Office, Custody , Care and Justice:The Way Ahead for the Prison Service in England and Wales, Cm 1647, HMSO, 1991.paras.8・11-18, at 94-95.この白書は、ウルフリポートを反映したものとなっている。被収容者の懲罰制度の一翼を担っていた巡視委員会の懲罰権限は勧告通り受け入れられ、同時にリポートが勧告していた内務大臣任命の不服申立裁定官 (Complaints Adjudicator) が設置されることになった。勧告によれば独立の不服申立裁定官は被収容者の苦情処理手続きの最終段階と、懲罰手続きの終審との二重機能を果たすものであった。Woolf Report, paras.14・349-354, at 419-420.従って、刑事施設長による懲罰裁定の上訴は管区長 (Area Manager)、さらに不服申立裁定官となった。HO, *Ibid.*, para.8・4, at 93.なお、巡視委員会の懲罰機能の廃止は、1964年刑事施設規則5一条の削除による。Prison (Amendment) Rules 1992; SI 1992/514, sch.s.9. 改正規則は、1992年4月1日に施行された。

8) 新しい (仮) 釈放制度は、従来より早期に釈放できる規定となっている。新規定によれば短期 (4年以下) と長期 (4年を超える) 受刑者で (仮) 釈放の応当日が異なる。短期受刑者は2分の1の刑期終了日に、12月未満の受刑者であれば無条件で、12月以上の刑であれば条件付 (許可状) で釈放される。CJA1991, s.33 (1). 長期刑の受刑者では、3分の2の刑期終了後に条件付で必要的に釈放される。*Ibid*, s. 33 (2). とくに、長期刑の場合、内務大臣は照会をした仮釈放委員会 (Parole Board) の勧告を受けて、刑期の2分の1終了後に、条件付で裁量的に釈放ができる。ss.33 (3), 35(1). なお、法定された終身刑受刑者には仮釈放委員会の勧告を受け、最高法院長官 (Lord Chief Justice) との協議を経て条件付釈放が与えられることになった。ss.35 (2), (3). 例外的に、内務大臣は、特別な情状により、いかなる受刑者も (長期および終身刑受刑者の場合には仮釈放委員会と協議後) 何時でも仮釈放できる。s.36.

9) CJA1991, s.42.Prison Act 1952, s.47.Prison Rules 1964, s.50 (1), (2); SI 1992/2080. その後法改正により、付加日数罰は42日となった。Prison (Amendment) Rules 1995; SI 1995/983.

10) Criminal Justice and Public Order Act 1994, ss.106-112. 同法は、1995年1月1日

に施行された。Dr J.J. McManus, PRISONS, PRISONERS AND THE LAW, 47, 1994. もっとも、スコットランドにおいては、法改正前より刑事施設における懲罰事項と違法行為を施設長もしくは裁判所が審理裁定することができていた。1994年10月に、スコットランド刑事施設不服申立委員会（Scottish Prisons Complaints Commission）がスコットランド（担当）大臣によって設置され、初代コミッショナーにマクマナス（J.J.McManus）が就任した。

11) Mick Ryan and Joe Sim, The Penal System in England and Wales:Round Up the Usual Suspects, in V.Ruggiero et al (Eds.) WESTERN EUROPEAN PENAL SYSTEMS, 1995, at 100.

12) Michael Cavadino and James Dignan, THE PENAL SYSTEM: AN INTRODUCTION, 1992, at 27. この「2極分化政策」はボトムズの用語法であり、政府にあっては「連動軌道戦略（twin-track strategy）」と呼称されている。この政策は、軽微な通常の犯罪者と極度に重大な例外的な、危険な犯罪者とを区分し、前者にはそれほど重くない措置を、後者にはよりタフな措置をとろうとするものであり、今日の「法と秩序」イデオロギーの産物とされる。とりわけ、1991年刑事司法法は、この政策系列のものであるが、それほど重大でない犯罪者に対しても「処罰的」な措置をとる「地域社会における処罰」戦略を濃厚にしており、処罰的2極分化政策として説明するのが現状を言い当てている。Ibid. A.E.Bottoms, Reflections on the Renaissance of Dangerouness, Howard Journal of Criminal Justice, 16, 1977, at 70.

13) David Garland, PUNISHMENT AND WELFARE:A HISTORY OF PENAL STRATEGIES, 1985, at 3-5. ガーランドによれば、これと異なる視座として、第2次世界大戦後の社会復帰の時代を現代（＝モダン）として特徴づけるもの（伝統的見解）、産業化された都市社会における刑事施設（監獄）の誕生をもって近代刑罰制度とするもの（デュルケム、フーコー）、資本主義的生産様式の確立と並行させるもの（ルッシュ＝キルヒハイマー、メロッシ＝パバリーニ）、1970年代以後の社会内矯正による見えざる規律に意味を置くもの（コーエン、スカル）などに分かれる。Ibid.

第2章

1) Ursula R.Q.Henriques, BEFORE THE WELFARE STATE:SOCIAL ADMINISTRATION IN EARLY INDUSTRIAL BRITAIN, 1979, at 1-2.

2) The Vagrancy Act of 1744. An Act to amend and make more effectual to Rogues, Vagabonds amd other idle and disorderly Persons, and to House of Correction, 17 Geo.II (c.5, 1744) s.1. 浮浪・漂泊者には鞭打ち刑（whipping）および6か月以下の拘禁刑、矯正不能な浮浪者には2年以下の教練および拘禁刑が科される。浮浪者が重罪を

犯せば7年の流刑となる。2晩以上不案内人を宿泊させまたは浮浪者等をかくまった者は40シリングの罰金刑を科される。William Blackstone, COMMENTARIES ON THE LAWS OF ENGLAND, VOL.4, 1769, c.13, at 169-170.

3) 市民が戸口訪問や公道等で物乞いする者を、逮捕し治安判事に引致することは合法とされ、これに抵抗した場合も同一の刑を科される。その際、治安判事の発する正式書状によって、犯罪者を監督すべき民生委員(救貧委員)に同市民への5シリングの支払を義務づけている。褒賞金付きの軽罪摘発の制度を作り出している。The Vagracy Act1744, s.1.

4) 公共的取引に対する犯罪の1つに、当時の主力産業に損害を与えるものとして脱税を伴う羊毛・緬羊の国外搬出罪(通常、夜間に行われたので「梟行為」と呼ばれた)があり、罰則が規制強化された。同罪には1年の拘禁刑が科されるが、船長・船員には3年の拘禁刑、再犯は重罪とされ、場合によっては7年の流刑となった。An Act for further Punishment of Persons going armed or disguised, in Defiance of the Laws of Customs or Excise, and so forth, 19 Geo.II (c.34, 1746). その他、密輸入罪、偽装倒産罪、種々の買占め、独占的商行為に関する罪の改正、新設などある。W.Blackstone, *supra* note 2, c.12, at 154.

5) Waitham Black Act とも呼ばれ、The Statute 1722, 9 Geo.I, c.22 の通称である。JOWITT'S DICTIONARY OF ENGLAND LAW, 1977, 2nd ed, at 226.Michael Ignatieff, A JUST MEASURE OF PAIN:THE PENITENTIARY IN THE INDUSTRIAL REVOLUTION' 1750-1850, 1980, at 16.

6) V.A.C.GATRELL, THE HANGING TREE:EXECUTION AND THE ENGLISH PEOPLE 1770-1868, 1994, at 616, table. ガトレルの研究によれば、ロンドンおよびミドルセックスを裁判管轄するオールドベイリー (Old Baily) 裁判所は1781～85年、1796～1800年に死刑判決を各々687人、416人に言い渡したが、執行数は293人、95人に留まり、実に赦免率は57％、77％であった。さらに、1831～34年には、死刑判決数428人、執行数12人、赦免率は97％となり、大半が流刑等に減刑されたことを示している。1830年代に死刑が多くの罪種で廃止され、1861年には制定法上反逆罪と謀殺罪のみが死刑となり、実際には1837年以降、謀殺罪にのみ絞首刑が執行された。*Ibid.*, 616-618. 国王による赦免につき、William Blackstone, *supra* note 4, at 387.

7) Philip Jenkins, From Gallows to Prison? The Execution Rate in Early Modern England, in Louise A. Knafla (Ed.), CRIME, POLICE AND THE COURTS IN BRITISH HISTORY, 1990, at 29.

8) Tim Newburn, CRIME AND CRIMINAL JUSTICE POLICY, 1995, at 1.

9) Clive Emsley, CRIME AND SOCIETY IN ENGLAND, 1750-1900, 1987, at 12-13. 巡回裁判所の開催頻度は年1度のところから、ロンドンの中央刑事裁判所であるオール

ドベリーのように1750年代には年8度開催されていたところもある。レント（Lent）は4旬節。
10) M.Ignatieff, *supra* note 5, at 81. 烙印刑は親指に烙印後釈放するものであり、鞭打ち刑は教区吏員または裁判所吏員によって民衆教育のために公衆的な儀式的性格をもったものである。他の刑として、手首を板に挟み、公衆に恥を晒すピロリー（Pillory）もあった。*Ibid.*, 20.
11) 民事債務の被拘禁人は、負債の清算の手立てを施設内でとることができ、身柄が確保されていれば、家族との同居も可能で面会の制限など強制的規律に服することはなかった。当時の刑事施設長は経済面で彼らの恩恵に与っていた面がある。M.Ignatieff, *Ibid.*, at 29, 31, 36. 家族同居や私物の持ち込みの状況等を記したものに、John Howard, THE STATE OF THE PRISONS, 1777 (1929, J.M.DENT & SONS), at 16. なお、12世紀末まで拘禁刑をもたなかったイングランドの中世全般の刑罰史の研究書として、ピューのものがある。Ralph B.Pugh, IMPRISONMENT IN MEDIEVAL ENGLAND, 1970, PP.420. 民事債務者の拘禁につき、それが貧困な少額債務者に対して1世紀にわたり保持されたとするルビンの研究が詳しい。G.R. Rubin, Law, Poverty and Imprisonment for Debt, 1869-1914, in G.R.Rubin and David Sugarman (Eds.) LAW, ECONOMY AND SOCIETY, 1750-1914:ESSAYS IN THE HISTORY OF ENGLISH LAW, 1984, at 241.
12) 1750年では、イングランドの最大のジェイルは約200人収容可能なロンドンのニューゲート（Newgate）であった。ハワードが見た1773年以降訪問した当時のイギリスのプリズンは生命・身体の保持、衛生、健康、食事、モラル等の点で、悲惨な状況にあった。John Howard, *Ibid.*, pp.306.
13) *Ibid*, 32.矯正施設は17世紀中葉にはヨーロッパに普及していた形態の施設の採用であった。これは、浮浪者等の救護と処罰の双方を含み、彼らの怠惰と不従順さに対し、労働とそれへの規律を強いる新しい形態の刑罰であった。矯正（correction）から改善（reformation）への萌芽を見ることができる。ロンドンのブライドウエル（Bridewell）は典型である。Robin Evans, THE FABRICATION OF VIRTURE:ENGLISH PRISON ARCHITECTURE, 1750-1840, 1982, at 48.
14) M.Ignatieff, *supra* note 5, at 32. もっとも、矯正施設と契約した企業主で受刑者の労働力によって利益を得たものは例外的でしかなかった。
15) 地方プリズンが中央から独立していたことにつき、Stephen Livingstone and Tim Owen, PRISON LAW:TEXT & MATERIALS, 1993, at 6.
16) Leon Radzinowicz, John Howard, in John Freeman (Ed.) PRISONS PAST AND FUTURE, 1978, at 8-9.ハワードがロシアを含む各国の刑事施設および被収容者を訪れた際、参観を拒否したのは、ベニス、ローマ、パリにある3施設だけであった。保護

(閉鎖)室まで参観している。「ほとんどの国は、当時(被収容者への)アクセスの禁止を規定し強制するための強力な中央集権的官僚機構をもっていなかった」。*Ibid.*, 9.

17) M.Ignatieff, *supra* note 5, at 81.

18) The Act to authorise, for a Limited Time, the Punishment by Hard Labour of Offenders and so forth, 16 Geo.Ⅲ(c.43, 1776), s.1. ハルクの盛衰に関する近時の研究として、Charles Campbell, THE INTOLERABLE HULKS: BRITISH SHIPBOARD CONFINEMENT 1776-1857, 1994, PP.254.

19) *Ibid.*, ss.1-2.ハルクはプリマス、ゴスポート、ラングストン寄港の船舶にまでおよび、収容者数は1840年代には3114人(1842年)、1186人(1847年)までに及んだ。当初2年間の許可が与えられた時限的なものが、イングランドにおいては1875年の廃止まで続いた。Seán McConville, A HISTORY OF ENGLISH PRISON ADMINISTRATION, VOL.1:1750-1877, 1981, at 105-106, 198, 396.テームズ川のハルク Justitia 号に、1776年8月に632人の受刑者が初乗船したが、1年半余の1778年3月にはその176人が死亡していた(28%の死亡率)。過剰拘禁、不衛生、鉄枷装着の重労働等、その条件の苛酷であったことが分かる。J.Howard, *supra* note 11, at 251-253. 1824年頃のハルク Eurayalus 号は遺棄または私生児の少年が3分の2を占めていた犯罪少年船であった。George Ives, A HISTORY OF PENAL METHODS, 1914, at 126.

20) オーストラリアへの流刑は、クック(Capitain James Cook)が Endeavour 号でニュージーランドおよびオーストラリア東岸を探査し、1771年に報告したことに起因し、1788年に、フィリップ(Capitain Arthur Phillip)によって刑事植民施設がジャクソン港岸に設置したことに始まる。1868年1月の Hougoumont 号がロンドンからフリマントル(西部)に到着したことで重罪者船は終わりを告げた。80年間に、イングランドおよびアイルランドから16万663人の男女受刑者が護送された。Charles Bateson, THE CONVICT SHIPS 1787-1868, 1959, at 2-3, 283.

21) R.Evans, *supra* note 13, at 94-95. ニューゲートは再建と決まり、収容者の改善およびチフスの撲滅を目的にして1770年に新施設が完成した。19世紀に入り、内務大臣は中央政府の監理する懲治施設を積極的に建設し始めた。

22) 刑事施設および刑罰の改革を促進させたものに、クエーカー教徒の「死刑に関する知識の普及と刑事施設の規律改善のための協会」の運動、上中流階級の刑事裁判での被害者(W.Dodd, E.G.Wakefield)への公衆の良心的反応も挙げ得る。U.R.Q. Henriques, *supra* note 1, at 157.

23) 下級裁判所は、シェリフ(Sheriff)または治安判事(Justice of the Pease, Magistrate)によって構成される陪審なしの裁判を行う。2審制を採用するスコットランドにあっては上級審は控訴審である巡回裁判所(Court of Session)および重大犯罪の裁判管轄をもち、かつ終審である上級裁判所(High Court of Justiciary)による裁

判所の組織構成となっている。Archibald Alison, PRACTICE OF THE CRIMINAL LAW OF SCOTLAND, 1833, at 1-34, 669.A.G.L.Shaw, CONVICTS AND THE COLONIES:A STUDY OF PENAL TRANSPORTATION FROM GREAT BRITAIN AND IRELAND TO AUSTLARIA AND OTHER PARTS OF THE BRITISH EMPIRE, 1966, at 21, 36. 1768年から1788年の間、死刑はスコットランドにおいて言い渡し数134人、執行数97人であり、人口規模が半分のロンドンおよびミドルセックス（イングランド）においては言い渡し数1,910人、執行数890人を数えた。The latter, Ibid., 36.19世紀初頭に入っても、人格の荒廃を考慮し2年を超える拘禁刑は例外的にしか言い渡されなかった。The former, ibid., 673.

24) The Penitentiary Act of 1779（19 Geo.III, c.74）:An Act to explain and amend the Laws relating to the Transportation, Imprisonment, and other Punishment, of certain Offenders.

25) Ibid., s.1.規定が示すように、オーストラリアに流刑地を限定したわけでなく、その後の1784年流刑法（Transportation Act.24 Geo.III, c.56）と相俟って、西アフリカ海岸のガンビア（Gambia）に流刑となった数百人が死亡して後、1787年にオーストラリアのニューサウスウエールズ州に向け流刑船が初出港している。R.Evans, supra note 13, at 119.

26) A.G.L.Shaw, supra note 23, at 17.

27) 1856年イギリス両院特別委員会、1863年流刑に関する王立委員会はいずれも流刑の継続を主張するものであったが、西部オーストラリアへの流刑にヴィクトリア州、サウスウエールズ州は猛烈な流刑受け入れ反対の立場を取った。内務省は、1865年、流刑を1967年以降中止するとの声明を出した。Ibid., 357.

28) Ibid., 360.

29) W.Blackstone, supra note 2, at 437. 懲治施設の計画の目的に「不幸な犯罪者に深刻な反省をさせること、およびあらゆるキリスト教徒の道徳的義務の原理と実際を教えること」を挙げる。

30) 監理委員会はフォザーギルの死去（1780年）とハワードの辞任により実務処理的な第2次委員会に移行したが、改革路線の基調は人事を含め維持されている（委員:Sir Charles Bunbury 議員, 病院監理者 Thomas Bowdler, Sir Gilbert Elliott 議員）。R.Evans, supra note 13, at 121.M.Ignatieff, supra note 5, at 94-95. 監察委員は裁判官であった。Ibid., 97.

31) Penitentiary Act, supra note 24, s.32.具体的な労働の例として、健康体の一般受刑者には、踏み車踏み、ミル・機械・動力機を発動させる巻き上げ機（capstern）の牽引、石切り、大理石の研磨、麻なめし、ログウッドの木やすりかけ、ぼろの切り刻み、ロープ製作を挙げる。健康、能力、性、年齢から、劣った労働能力を考慮した場合、

槙肌作り、麻袋織り、織り糸紡ぎ、網すきを例示する。Ibid.
32) 朝食夕食の半時間を除き、労働時間については11月～1月は8時間以内、2月と10月は9時間以内、残りの月は10時間以内とされ、糧食としてはパン、並肉か他の粗食、水か少量のビールが与えられる。制服は並服装であるが「逃走時に容易な発見と着用者に恥をかかせる」もので、目印かバッジのはっきりしたものを付けさせる。Ibid., ss.34~35.生活資金は年末の行状評価によって加算の場合もあるが、年3ポンド～20シリングで、拘禁期間に比例する。Ibid., s.38.
33) R.Evans, supra note 13, at 131-132, 138.ホーシャム懲治施設は、リッチモンド卿（3rd Duke of Richmond）が推進した2階建て40居室、病室、教会堂、施設長舎からなり、アムステルダム（オランダ）およびゲント（ベルギー）の懲治施設（the Masion de Force, the Rasp House）に監理、規律を学んでいる。
34) ポール（George Onesiphorus Paul）によって立案され、具体化されたものである。ポールは独居拘禁と結び付いた宗教教誨、すなわち政府、懲治施設法の見地を高く評価し、ベンサムと対局に位置し論戦を構えた。Ibid., 139.M.Ignatieff, supra note 5, at 98-109, 112.
35) Jeremy Bentham, A VIEW OF THE HARD-LABOUR BILL;BEING AN ABSTRACT OF A PAMPHLET, INTITULATED, "DRAUGHT OF A BILL, TO PUNISH BY IMPRISONMENT AND HARD-LABOUR, CERTAIN OFFENDERS;AND TO ESTABLISH PROPER PLACES FOR THEIR RECEPTION", 1778, PP.114 (in the Edinburgh University Library). このパンフレット（著作）は第1読会の法案に接して後3週間で書き上げたものである。同書はハワードの刑事施設に関する著書を実り多いものとし、「下院での立法化の出来事が私に新鮮な設計図を示唆した」と述べ、63条からなるブラックストーン＝イーデン懲治施設法案につき、労働を伴った独居拘禁である懲治刑が流刑に均衡するものではないなどとしながらも、比較的好意的な逐条解説と考察を加えた。また批判点はブラックストーンによって取り入れられた。Ibid.iii, 3-4.Mary P.Mack, JEREMY BENTHAM:AN ODYSSEY OF IDEAS 1748-1792, 1962, at 3 41-342.
36) J.Bentham, PANOPTICON; OR, THE INSPECTION-HOUSE: CONTAINING THE IDEA OF A NEW PRINCIPLE, 1791, pp.140, AND VOLS.2 (PANOPTICON: POSTSCRIPT;PART I &II, 1791) (in the Edinburgh University Library).
37) Ibid., Letter 9, 10, at 42, 50.
38) 時期は19世紀に入るが、ベンサム（1748～1832）とオーエン（Robert Owen）の往復書簡が残されている。ベンサムが同工場の出資組合員で利益の還元を受けていたことが分かる。Stephen Conway (Ed.), CORRESPONDENCE, VOL.9: JAN.1817 TO JUNE 1820, in THE COLLECTED WORKS OF JEREMY BENTHAM (O.U.P.) 1989,

Letters No.2458, 2484, 2492, 2531, 2578, 2592, at 160, 206-207, 213, 304-305, 371, 384.なお、ニューラナーク(スコットランド)の工場は、1785年銀行家デール(David Dale)によって創業され、オーエンは1813年から25年まで経営に従事していた。この経緯につき、Ian Donnachie and George Hewitt, HISTORIC NEW LANARK:THE DALE AND OWEN INDUSTRIAL COMMUNITY SINCE 1785, 1993, at 81-82, 91.

39) J.Bentham, *supra* note at 36, Letter 12, 17, at 67, 107. M.Ignatieff, *supra* note 5, at 109-113. ベンサムのパノプティコン構想は、1801年3月に大蔵省が、刑事施設の縮小建設の判断をしたことによって終焉を迎えていた。この間、ベンサムは、1790年代にはアイルランドとイギリス政府に同構想による立法化を期待し、精力的に働き掛けを行ったが、芳しくなく、また1789年フランス革命への熱狂から、関心が刑事施設改革から憲法論へと移行していた。L.J.Hume, BENTHAM AND BUREACRACY, 1981, at 110-111, 165. ベンサムの哲学は「道徳および立法の原理」(1789年)に示されている。J.H.Burns and H.L.A. Hart (Eds.), AN INTRODUCTION TO THE PRINCIPLES OF MORALS AND LEGISLATION (U.O.L.) 1970, pp.343. これを、快楽・苦痛原理、唯物論、道徳決定論などの融合とする見解がある。R.Evans, *supra* note 13, at 215.

40) G.Ives, *supra* note 19, at 172.

第3章

1) イギリス国内のフランス人戦争捕虜は1814年には約7万2,000人で、ポーツマス(Portsmouth)、チャタム(Chatham)などのハルクおよび民間施設に収容された。Francis Abell, PRISONERS OF WAR IN BRITAIN, 1756-1815, 1914, at 449.スコットランドではエディンバラ城内の収容所(French Prisons)に約1,000人収容された。Joy Cameron, PRISON AND PUNISHMENT IN SCOTLAND: FROM MIDDLE AGES TO THE PRESENT, 1983, at 70. ナポレオン戦争後の犯罪状況につき、Joanna Innes, Prisons for the poor:English bridewells, 1555-1800, in Francis Snyder and Douglas Hay (Eds.)LABOUR, LAW AND CRIME: AN HISTORIC PERSPECTIVE, 1987, at 108.Stephen J.Lee, ASPECT OF BRITISH POLITICAL HISTORY 1815-1914, 1994, at 15. イングランドおよびウエールズにおいて刑事裁判に付された人数は1815年には約5千人であったが、1820年には約1万5千人と激増した。Jim Sharpe, Crime, Order and Historical Change, in John Muncie and Eugene McLaughlin (Eds.), THE PROBLEM OF CRIME, 1996, at 135. なお、1805年の統計まで遡って記載された犯罪統計が1810年に初めて公刊され、以降毎年刊行された。従って、この時期まで、犯罪統計による比較は困難であった。社会問題が統計を基に論

じられるのは1830年代以降である。*Ibid.*, 117.なお、「血の法典」下での軽微犯罪に対する過酷な死刑が頻繁に宣告されたが、赦免によって現実の執行は極度に少なかった。桜木の伐採（1814年）、9歳の少女による住宅への放火（1831年）に死刑が言い渡された。1820年代以降、法定刑を含め死刑が減少した。絞首刑後の斬首は1820年、晒し首は1832年が最後となった。この当時の刑罰制度にディケンズ（Charles Dickens, 1812-1870）は批判的であった。Philip Collins, DICKENS AND CRIME, 1962, at 4-5. 前章注6）参照。

2) S.J.Lee, *Ibid.*, 29.

3) 従来は、警察力による犯罪統制は2次的であり、主要には「刑の残虐性と軍隊的威嚇」によるものであった。地域の安全は治安判事および彼との任免・協力関係にある教区コンスタブル（屈強な男性が12か月間任命され教区内に事務所を与えられた）によって担われた。Charles Reith, BRITISH POLICE AND THE DEMOCRATIC IDEAL, 1943, at 14. 警察の歴史的背景にサクソンのタイジング・マン（Saxon tithing-man, 10人組）、およびロンドンのコベントガーデン（Covent Garden）の1区域に1750年治安判事フィールディング（Henry Fielding）が設置した6人構成のバウ・ストリート自警団（The Bow Street Runners and Patrols）の先行事例がある。*Ibid.*, 19.フランス革命がイギリスの政治家層の存在基盤に対し危機感を与えたことにつき、J.L.and B.Hammond, THE TOWN LABOUR 1760-1832: THE NEW CIVILISATION, 1917 (p.b.ed.1995), at 94.

4) *Ibid.*, 29.Victor Bailey, Introduction, in V.Bailey (Ed.) POLICING AND PUNISHMENT IN NINETEENTH-CENTURY BRITAIN, 1981, at, 12.

5) The Metropolitan Police Act of 1829（10 Geo. II, c.45）によってシティ・オブ・ロンドンに57人、全ロンドンに3659人が配置された。The County Police Act of 1839 (2 & 3 Vict, c.93) によって、イングランドおよびウエールズの56州に、The County and Borough Police Act of 1856 (19 & 20 Vict. c.69) によって同地方全域に警察機構が整備された。警察組織は、内務大臣が警察規則の制定権をもち、国王の任命する監察官（Inspectors of Constabulary）の監督下に置かれた（イングランドおよびウエールズ）。Phlip John Stead, THE POLICE OF BRITAIN, 1985, at 36, 48, 49. 警察組織の設置目的が「犯罪の予防・捜査、放浪罪の抑圧、および良好な秩序」（の維持）にあるとする（1856年法1条）。

6) Gaols Act of 1791. "An Act for the better regulatig of Gaols and other Places of Confinement" (31 Geo.III, c.46). 同法は、重罪者を隔離し労働させる懲治施設または家屋を建築するために立法化され、J・ハワードの影響のあるものである。治安判事は、懲治施設長の任免権をもち、収容者の受け入れ、区分、分類、糧食、着衣、労働、改善、施設管理・監視等、施設運営に必要な規則・命令の制定権を行使できるとした。

実際に施設用地 (Islington, Limehouse, Battersa) も検討されていたが、この議会の意思は無視され続けた。

7) 18世紀末から19世紀初頭にかけて、元治安判事ニールド (James Neild, 1744-1814) による施設参観と公開書簡の紙上掲載、クウェーカー教徒フライ女史 (Elizabeth Fry, 1780-1845) によるニューゲート (Newgate) 刑事施設への恒常的慰問の組織化、バックストン議員 (Thomas Fowell Buxton, 1786-1845) の精力的な「刑事施設規律改善協会」の運動、施設の調査および議会活動、マーチン女史 (Sarah Martin, 1791-1843) のヤーマス刑事施設 (Yarmouth Gaol) での職業指導など、刑事施設の改善促進の動きや活動による世論および社会的反応も大きな影響を与えていた。J.Neild, STATE OF PRISONS IN ENGLAND, SCOTLAND AND WALES, 1812.F.Buxton, AN INQUIRY WHETHER CRIME AND MISERY ARE PRODUCED OR PRESENTED BY OUR PRESENT SYSTEM, 1818, in Lionel W.Fox, THE ENGLISH PRISON AND BORSTAL SYSTEMS, Appendix A, 1952, at 402-411.D.L.Howard, THE ENGLISH PRISONS:THEIR PAST AND THEIR FUTURE, 1960, at 34-38.R.S.E.Hinde, THE BRITISH PENAL SYSTEM, 1773-1950, 1951, at 42-45. 刑事施設の惨状の一端は、1818年の時点で、イギリス国内の518刑事施設に約10万人以上が収容されており、性別、年齢等による分類収容をしていた施設は23施設、性別の区分のない混禁施設は59施設、(性別) 1区分施設が136施設、2区分施設が68施設であったことから分かる。445施設では、作業の提供がなく収容され。過剰拘禁状態は100施設において見られ、中には8545人収容定員に対し1万3057人が収容される状況にあった。Edmund Du Cane, THE PUNISHMENT AND PREVENTION OF CRIME, 1885, at 47.

8) ロミリーは、「当時の支配階級に共通した、現行の刑罰方式が抑止力をもたなくなったとの恐怖感」が改革の障害物になっていることに気づいており、まれにしか執行されない事案における死刑の廃止、店舗における5シリングまでの個人所有物の窃盗の非犯罪化を盛った法案を、1810年下院に提出している。 J.L.and Barbara Hammond, THE VILLAGE LABOUR 1760-1832, 1911 (p.b.ed.1987), at 204. ハルフォード委員会は、現行刑事施設が懲治施設の拘禁目的に適合し得るか、新類型の行刑運営が必要であるかを検討した結果、新懲治施設の建設、その施設の運営・拘禁形態としては、1779年法のハワード、ブラックストーン、イーデンの既存路線を堅持し、ポール (Sir George Paul) 案を採用し、ベンサム、ロミリーの合理的運営路線を退けた。リポートは1812年法に具体化された。同法は、ミドルセックスでの懲治施設建設とベンサムの私財を投じたパノプティコン構想に基づく用地買収に対する賠償を明記した。"An Act for the Erection of a Penitentiary House for the Confinement of Middlesex and for making Compensation to Jeremy Bentham" (1812:52 Geo.III, c.44). 1812年、新懲治

施設の監理委員会（政府任命の3委員）は、ミルバンク (Mill Bank → Milbank → Millbank) の地 (Tothill Fields) に建設する計画を確定した。Seán McConville, A HISTORY OF ENGLISH PRISON ADMINISTRATION, VOLUME I 1750-1877, 1981, at 111.
9) 常習犯罪者対策の立法化が1869年に行われた。The Habitual Criminals Act, 1869 (32 & 33 Vict.c.99).
10) Select Committee on the Laws relating to Penitentiary-Houses, First and Second Reports, Parliamentary Papers, 1810-11, Vol., at 199, 217. 労働としては夏期日中4回、冬期2回、半時間の動力車踏み、穀物挽き、揚水の作業があり、その後の15分間の運動中は作業の相方との交談が許可された。実際には作業の供給は十分でなく工場は放棄され、個別に靴製作、服の仕立て、縫製が行われた。作業収入は4分の3が施設当局、8分の1が受刑者、残り8分の1を工場長・作業監督者・監視者で配分するものであった。建物の土台の沈下、壁面の崩落、居室の不衛生、週1回の肉・野菜の食事 (1817年) など、長期受刑者の収容施設としては不適で、収容者は一時ハルクへ移送 (男性) とか釈放 (女性) となった。1824年に施設利用は再開されたが、自殺、逃亡、暴動にみまわれた。1832年ミルバンク懲治施設の調査委員会リポートが公表されて後、施設は勧告内容に従い厳格な独居拘禁の形態に移行した。1836年には、刑事施設監察官ナイヒル (The Rev.Daniel Nihill) が施設の運営・規律を引き締めたさせたことで、一層宗教的色合いをもった厳しい独居拘禁に移行した。Ursula R.Q.Henriques, BEFORE THE WELFARE STATE, 1979, at 166-169. D.L.Howard, supra note 6, at 42-50.
　しかし、遂にペントンヴィル懲治施設設後の翌1843年5月、ミルバンクは懲治施設としては閉所され、重罪者の集禁所となった。"An Act for Regulating the Prison at Millbank" (6 & 7 Vict.c.26, 1843) . スミス師 (Rev.Sydney Smith, 1771-1845) は、1821〜2年の「エディンバラ評論 (Edinburgh Review)」誌上において、師の短期の厳正な独居拘禁を採りいれた処遇論の立場から、地方刑事施設および開設当初のミルバンク懲治施設のもつ改善効果について疑問と批判を展開した。これは社会的にも影響を及ぼすものであった。Christopher Harding, Bill Hines, Richard Ireland and Phillip Rawlings, IMPRISONMENT IN ENGLAND AND WALES:A CONCISE HISTORY, 1985, at 136-138.後に、ミルバンク刑事施設は「醜悪の記念碑」と呼ばれた。Sidney and Beatrice Webb, ENGLISH PRISONS UNDER LOCAL GOVERNMENT, 1963, at 48.
11) S.McConville, supra note 8, at 142-147.
12) これは、後に「劣位原則 (principles of less-eligibility)」(1834年救貧法に関する王立委員会リポート) と呼ばれる見地であり、既にベンサムは 「刑罰を科される重罪者

の通常の状態は、社会内の最下層の臣民より厚遇されるものであってはならない」と したが、これは犯罪者の処遇状態を低位に置く抑止刑からの論拠になった。 J.Bentham, PANOPTICON;OR THE INSPECTION HOUSE: POSTSCRIPT, Part II, 1791, at 7.

13) Second Report of Inspectors of the Home District-General Principles of the Construction of Prisons, Parliamentary Papaers , XXXII, 1837, at 21. ペントンヴィル懲治施設は、実際には総工費8万4千ポンドを費やし、ロンドン北部の6.75エーカーの敷地に、520人収容の居室を備えた典型的なヴィクトリア期の刑事施設であった。収容者は当初ニューゲート刑事施設からの16人であり、彼らはオーストラリアのヴァンディメン島に7～10年の流刑となった重罪者で、しかも改善効果の見込める初犯の選抜された若年者で、18か月間収容された。Robin Evans, THE FABRICATION OF VIRTURE: ENGLISH PRISON ARCHITECTURE, 1750-1840, 1982, at 346-347. S.McConville, *supra* note 8, at 206. 受刑者は、教会堂においても個別に隔絶された箱型席に着かされ、また個別区分された区域で運動をさせられた。C.Harding et al., *supra* note 10, at 152.

14) *Ibid.*, 153.

15) R.Q.Henriques, *supra* note 10 at 172. プレストン刑事施設の教戒師であったクレイ（Rev.W.L.Clay）は、受刑者と接触した体験から、過去の処遇形態を失敗と評価したうえで、機会犯罪者には独居拘禁制（separate system）を、常習罪者には独居拘禁制と点数による累進処遇制（mark system）によって処遇すべきとし、当初の独居拘禁制のみの主張を変えている。Clay, OUR CONVICT SYSTEMS, 1862, at 5.19-20.Clay, THE PRISON CHAPLAIN: A MEMOIR OF THE REV.JOHN CLAY B.D., 1861, at 282. レストン刑事施設は、1843年当初、150人収容の独居拘禁の分離拘禁制のみをとっていたが、後に開放的場所での交流作業に移行した。有給である教戒師は刑事施設長および職員の行動を規制する機能を担っており、上級教戒師の場合直接監理委員会と折衝のできる影響力ある存在であった。R.Q.Henriques, *Ibid.*, 173.

16) これは、1823年にアメリカ合衆国ニューヨーク州のオーバン刑事施設（Auburn Prison）において最初に採用された拘禁形態であり、1820年代ボストン刑事施設規律協会（The Boston Discipline Society）およびドワイト（Louis Dwight）の活動に負うている。夜間は独居拘禁、昼間は沈黙交流作業の雑居拘禁とし、この制度の利点として受刑者の作業が保障され、事業収益により公費負担が軽減できる経済性、鞭打ち罰を担保にした沈黙強制の下で交流作業が行われるため悪習感染の防止と社会性の喪失が回避されることが挙げられる。Gorden Rose, THE STRUGGLE FOR PENAL REFORM, 1961, at 2.

17) これは、1790年代、アメリカ合衆国ペンシルヴェニア州フィラデルフィアの刑事施

設（Walnut Street Prison）において最初に採用された拘禁形態であり、受刑者間の悪習感染を防止し自省による改悟をめざし、施設長および宗教教誨のための教戒師との接触など最小限の交流以外認めないものである。Ibid. これは、「刑事施設規律のクウェーカー教徒アメリカ協会 (The Quaker American Society for Prison Discipline)」によって推進されたものであるが、全面的な厳正独居拘禁の懲治施設が初めて採用されたのは1819年とする見解もある。U.R.Q.Henriques, The Rise and Decline of the Separate System of Prison Discipline, 54 Past & Present, 1972, at 54-55.

18) Maconochie, THE PRINCIPLES OF PUNISHMENT, ON WHICH THE MARK SYSTEM OF PRISON DISCIPLINE IS ADVOVCATED, 1850. アイルランド制につき、Sir Leon Radzinowicz and Roger Hood, A HISTORY OF ENGLISH CRIMINAL LAW AND ITS ADMINISTRATION FROM 1750, VOL.5, THE EMERGENCE OF PENAL POLICY, 1986, at 515.

19) マコノキーは1849年にはバーミンガム刑事施設長として同様の処遇を導入したが、このことで2年後に免職となった。この処遇・拘禁形態は当時のイングランドでは受け入れられなかった。なお、彼は日課的に受刑者の鞭打ちを行っていた。John Hirst, The Australian Experience: The Convict Colony, in Norval Morris and David J.Rothman (Eds.), THE OXFORD HISTORY OF THE PRISON: THE PRACTICE OF PUNISHMENT IN WESTERN SOCIETY, 1995, at 290-292. この処遇・拘禁形態はクロフトンによってアイルランドで開花した。受刑者は、9か月の独居拘禁後、雑居拘禁の交流労働となり、労働点数によって進級する4階級累進制度がスパイク島 (The Spike Island) で実施された。G.Rose, supra note 16, at 4-5.受刑者を特定し掌握することによって、公衆の不安感を取り除くため、写真撮影により確認する方式を採用したと陳述した。Report from the Select Committee of the House of Lords, on the Present State of Discipline in Gaols and Houses of Correction, Parliamentary Papers IX, 1863, at xvi.

20) J.Innes, supra note 1, at 108. 浮浪、物乞い、家族遺棄、放置家屋・納屋・建物への立ち入り宿泊等、社会秩序を乱すとされる軽罪者等への処罰立法は続いた。例えば、"An Act for the Punishment of idle and disorderly Persons, and Rogus and Vagabonds, in that Part of Great Britain called English" (5 Geo. IV.c.83, 1824), s.4.

21) "An Act for consolidating and amending the Laws relating to the building, repairing and regulating of certain Gaols and Houses and Houses of Correction in England and Wales"(4 Geo. IV.c.64, 1823). 翌年同法の改正法が成立し、受刑者の性、性格・行状、罪質に対応した収容分類（4条）などの補正が加えられた。"An Act for amending an Act of the last Session of Parliament… and so forth" Gaols Act (5 Geo. IV.c.85, 1824).

22) 内務大臣ピール（Peel）は刑事施設の惨状が改善されると言明していた。S & B Webb, *supra* note 9, at 104.L.J.Blom-Cooper, The Centralization of Governmental Control of National Prison Services, with Special Reference to the Prison Act, in J.Freeman (Ed.), PRISON PAST AND FUTURE, 1978, at 66.Stephen Livingstone and Tim Owen, PRISON LAW: TEXT & MATERIALS, 1993, at 8.
23) 四季・巡回裁判所に訴追された件数は、1805年の4605件から、1842年には3万1、309件に上昇している。Martin J.Wiener, RECONSTRUCTION THE CRIMINAL: CULTURE, LAW, AND POLICY IN ENGLAND , 1830-1914, 1990 (p.b.ed.1994), at 50-51.
24) *Ibid* , 35.
25) The Prison Act, 1835. "An Act for effecting greater Uniformity of Practice in the Government of the several Prisons in England and Wales;and for appointing of Prisons in Great Britain" (5 & 6 Will.=Gul.Ⅳ.c.37).
26) *Ibid.*, ss.7, 8, 10. 監察報告書の提出は、大臣には毎年2月1日前、両院には通常の会期中は同日後の2週間以内である（7条）。監察官は5人以内（同条）、監察の故意妨害行為は治安判事裁判による20ポンド以下の罰金を、また不完納の場合1か月以下の実刑を科される（8条）。監察官は後に2人に減り、年1回の当初の監察も18か月に1回、しかも2～4時間というものになった。House of Lords, *supra* note 19, Report, 1863, at xiii.
27) M.Heather Thomlinson, Penal Servitude 1846-1865:A System in Evolution, in Victor Bailey, POLICING AND PUNISHMENT IN NINETEENTH-CENTURY BRITAIN, 1981, at 129.
28) The Police (Scotland) Act, 1833. "An Act to enable Burghs in Scotland to establish a general System of Police" (5 & 6 Will. Ⅳ.c.46). 警察執行権限がバラの治安判事および市町村会（Councils）に帰属し決定されることへの法改正につき、The Police (Scotland) Act, 18 47. "An Act to amend an Act to enable Burghs in Scotland to establish a general System of Police, ···and so forth" (10 & 11 Vic.c.39), ss.4-6.
29) The Poor Prisoner (Scotland) Act, 1825. "An Act to amend an Act of the Scottish Parliament, relative to the Aliment of poor Prisoners" (6 Geo.Ⅳ.c.62). グラスゴー（Glasgow）矯正施設は、1823～4年に建設され、工業都市部に位置したことから（分離）独居拘禁形態での着実な労働も保障された。アバディーン（Aberdeen）懲治施設も70の完全な居室を区分し基準を充たすものであったが、民事負債による拘禁刑の37居室を含む97居室からなるグラスゴー・プリズンは、1812～3年建設であるが、正当な区分はなかった。エディンバラには、1791～5年にかけて、それまでのキャノンゲート（Canongate）からカールトンの丘に矯正施設（52作業室、129居室）、重罪者拘

禁施設、民事負債者拘禁施設が建築上の不備はあるが保安面の保たれた施設として建設されたが、総じて刑事施設は混禁、無秩序、腐敗の状況下にあった。J.Cameron, supra note 1, at 100-101.Ann Mitchell, THE PEOPLE OF CALTON HILL, 1993, at 33-35.
30）"An Act for directing Reports to be made respecting Gaols in Scotland" (10 Geo.Ⅳ. 1829).
31）"An Act for abolishing, in Scotland, Imprisonment for Civil Debts of small Amount" (5 & 6 Will.=Gul. Ⅳ.c.70, 1835).
32）The Prison (Scotland) Act, 1839 " An Act to improve Prisons and Prison Discipline in Scotland" (2 &3 Vic.c.42).
33）Ibid., s, 1.
34）州委員会は、総合委員会が認める委員数で、諸州の歳出監査委員から数名および市町村の全治安判事によって構成される（10条）。1840年に設置され、毎年4月13日が例会となる（11条）。同委員会は、複数の刑事施設の維持・管理、食糧・物品供給、看守・教戒師・医官・事務官・教誨・被雇用人の任用、看守の給与算定など、統括的管理・運営にあたる（15条）。Ibid., ss.10, 11, 15.総合委員会（General Board of Director of Prisons）は、スコットランド裁判所長官（Lord Justice General）、裁判長（Lord Justice Clerk）、法務長官（検事総長 Lord Advocate）、弁護士会長（Solicitor General）、上級弁護士会長（Dean of the Faculty of Advocates）の4人のほか、14人（うち、現・元職の地裁副所長 Office of Sheriff Depute 5人）で構成される。Ibid., ss.1, 9.
35）J.Cameron, supra note 1, at 122.M.H.Thomlinson, supra note 27, at 129..
36) The Prison (Scotland) Administration Act, 1860.管理委員会は、パース地方刑事裁判官、スコットランド刑事施設監察官、検察官（The Crown Agent）、その他（The Nominate of the Crown）の4者によって構成された。J.Cameron, supra note 1, at 99, 123.
37）D.L.Howard, supra note 7, at 77.S.J.Lee, supra note 1, at 179.
38）J.Hirst, supra note 19, at 272.
39）「流刑は一種の奴隷取引として確立した。犯罪者は競売に掛けられ、（流刑）移送契約を交わした者によって、犯罪者の刑期中、売買された。ある時期、相場は（犯罪者）一人約20ポンドといわれた」。E.Du Cane, supra note 7, at 113.
40）流刑をめぐる議論には、紆余曲折があり、流刑存続の議論もあった。1846年のニューサウスウエールズの立法委員会（Legistlative Council）は流刑の利点を協調していた。A.G. L.Shaw, CONVICTS AND THE COLONIES: A STUDY OF PENAL TRANSPORTATION FROM GREAT BRITAIN AND IRELAND TO AUSTRALIA AND OTHER PARTS OF THE BRITISH EMPIRE, 1966, at 322.後の本国での賛成論

につき、前章注 (27)。

41) その適地がNSW州であり、1822年から1824年にかけて、このビッグリポートに沿った種々の実験が行われた。1830代初頭には、バーク総督 (Governor Bourke) は重罪者を昼夜、軍の小隊の監視下に置き、夜間には馬車に連結する鉄枷で繋留させたが、これはコストの掛かるものであった。バークによる個別重罪者ごとの作業達成を看守が査定するアサイメント (Assignment) 制度の採用は重罪者受け入れ態勢の精選、規制を示しており、重罪者の社会的適合を図るための処遇の合理化であった。*Ibid*., 184.J.Hirst, *Ibid*., 275-276. D.L.Howard, supra note 7, at 69, 75-77.

42) この保護観察は、服役後にあたえられるもので、当時「プロベーション (試験制度、Probation)」と呼ばれたが、今日でいう仮釈放による保護観察 (パロール) を指す。この場合にも、2年以上4年以内で5段階の処遇を経る必要があった。ただし、第1段階は悪質な重罪刑余者に限られた。5段階とは、①島内刑事施設における保安拘禁区画での抑留、②最高度の抑制措置の施された区域における政府 (公共) 作業に従事する集団への参入、③求職のための通行証携行による限定された行動の自由、④行動の自由を認めた許可証 (A ticket of leave) を報奨として賦与、⑤絶対的赦免。この制度は、本国における刑罰制度に多大な貢献をした。*Ibid*., 78.

43)「追放」は、イングランド地方の重罪者刑事施設 (ミルバンク、後にはペントンヴィルなどの懲治施設) での服役後、保護観察 (プロベーション) 下にある者に対し、本国外からの追放 (Deportation) という条件付の恩赦によって放免するものであり、フィリップ港湾 (Port Phillip) 地域に受け入れた。Charles Bateson, THE CONVICT SHIPS 1787-1868, 1959, at 6.

44) The Sir Williams Molesworth (1810-1855) committee, Report from the Select Committee on Transportation, Parliamentary Papers, 1837-1838, XXII, 1, at xlvi-xlvii. 報告書は、ラッセル (内務大臣)、G・グレー (植民省政務次官)、R・ピールを含む15名の委員の全会一致で①現行の流刑制度を廃止し、本国か外地の重労働を伴う5～15年の拘禁刑に代替させること、②懲治施設は自由植民者のいない植民地に設置すべきこと、③改善された重罪者を自由移民者として組み込ことに賛成するものであった。これらは、現行流刑制度の抱える財政負担の軽減に主眼があった。S.McConville, *supra* note 8, at188-189.L.Razinowicz and R.Hood, *supra* note 18 , at 478-479.J.Hirst, *supra* note 19, at 287-288.

45) この時期、1846年から49年にかけアイルランドに飢饉 (ポテトの凶作) と1848年の反乱によって、犯罪者・受刑者が急増し、刑事施設は独居拘禁を採り得なくなった。この犯罪者は本国内で処遇できず、最終的に改善しないままの犯罪者として植民地に大量に移送された。David Smith, The Demise of Transportation: Mid-Victorian Penal Policy , in Louis A.Knafla (Ed.), CRIME, POLICE , AND THE COURT IN

BRITISH HISTORY, 1990, at 245.
46) McConville, *supra* note 8, at 197.バーミューダのハルクには、1824年1月、300人、1842年に設置のジブラルタル、1850年までに900人の重罪者が配置収容され、軍事要塞の補修作業に従事した。1846年には、2か所のハルクにおける重罪者数 (1,800人余) が、イングランド内のハルクの収容人数 (1,200人弱) を上回った。*Ibid.*, 201-203.
47) 統計的に、1839年、1842年および1847年の比較で、イングランドおよびウエールズにおける重罪者の収容先ごとの①懲治施設 (ミルバンク、パークハースト、1843年以降ペントンヴィルを含む)、②ハルク (6ないし5か所)、借用地方刑事施設における人数、そして施設収容人数総数中のハルク占有比率で見るとつぎの通りであり、ハルクの機能が分かる。McConville, *supra* note 8, at 1982, Table 7・1.

	①懲治施設	②ハルク	③地方施設	④ハルク比率
1839年	466人	1,488	269	66.9 %
1842年	946	3,114	253	72.2
1847年	2,231	1,186	218	32.6

48)「改善も規律もハッチの下では夜間全く達成しえず、これらの (ハルク) 船では刑事司法の目的を実現することは不可能であった。それどころか、ハルクは重罪者には暴動と反抗の温床であり、担当職員には残酷さと無視の情景であった。加えて、その不衛生状態と不健全な停泊のせいで、重罪者は死亡し、ハルクに秩序維持のため乗船勤務した軍人看守は危険に曝されており、ハルクの疾病は手に負えなかった」。M.H.Tomlinson, *supra* note 27, at 128.当時のハルクの大半の文書は1947年まで内務省で秘匿され非公開とされており、間接資料ないし戦後の史料に依らざるをえない。*Ibid.*, 144, note 9. したがって、ハルクの廃止年には争いがある。ウリッジ (Woolwich) でのDefence号の廃船は1857年であったが、実際には、Stirling Castle号、最後のGibraltarg号は各々、1859年、1875年に廃船となった。J.E.Thomas, THE ENGLISH PRISON OFFICER SINCE 1850: A STUDY IN CONFLICT, 1972, at 12.
49) 寄港地のチャタム (Chatham)、ダートムア (Dartmoor)、ポートランド (Isle of Portland)、ポーツマス (Parthmouth) には1849～56年間に年公共労働の重罪者刑事施設が設置された。M.H.Thomlinson, *supra* note 27, at 130.
50) U.R.Q.Henriques, *supra* note 10, at 179.
51) ペントンヴィル懲治施設は、ハヴィランド (John Haviland) の設計になるが、ジェブの承認のもとに、1840年から1842年の間に建設さた。ジェブは、新施設の監理委員会 (Commissioners) に、J・ラッセル (Lord John Russel.後にホイッグ党の首相1846-52) らとともに、3人の委員の1人として加わり実務的にも権限をもった。Eric Stockdale, The Rise of Joshua Jebb, 1837-1850, Brit.J.Criminol.Vol.16, No.2, 1976, at

167. ジェブの刑政へ関わりは、少年懲治施設パークハーストを建設する法律が成立した1838年以降であり、同施設の訪問監理委員会（Supervising Commmittee of Visitors）にW・クロウフォードらと委員として加わったことに始まる。S, NcConville, *supra* note 8, at 204. ジェブ（1793～1863）は、19歳の時、陸軍工兵隊（Royal Engineers）に所属し、1837年9月から6か月の出向（後に更新）で内務省に配属されたが、当時陸軍大尉（Capitain）の階級にあった。

52) William James Forsythe, THE REFORM OF PRISONERS 1830-1900, 1987, at 38.
53) E.Stockdale, *supra* note 51, at 170.
54) U.R.Q, Henrique, *supra* note 10, at 179.
55) Alan Ramsay Skelley, THE VICTORIAN ARMY AT HOME:THE RECRUITMENT AND TERMS AND CONDITIONS OF THE BRITISH REGULAR, 1859-1899, 1977, at 153.Seán McConville, ENGLISH LOCAL PRISONS 1860-1900, 1995, at 154-155.
56) 議会における軍民の刑事施設の規律を程度差はあれ一体のものと捉える議論につき、時期は少し後になるが、以下参照。Court-Martial Commission, First-Report of the Commissioners approved to Inquire into the Constitution and Practice of Courts-Martial in the Army, and the Present System of Punishment for Military Offences, 1869, Parliamentary Papers (c.4114), 1868/9, at vii. 興味深いことは、軍民刑事施設の規律・拘禁形態が 対で比較されるとともに、民（一般）刑事施設には重罪者である「確固たる犯罪者」が収容されるので、厳しい拘禁である分離独居拘禁も適しているが、軍刑事施設にあってはその拘禁では道徳的に過酷で有害であるため、それほどに厳しくない、事実上交談可能な雑居交流作業であるべき、としていることである。夜間については、例示としてフォート・クラレンス（Fort Clarence）軍刑事施設を挙げ、そこでは夜間、受罰者106名中、21室が独居で、大半が雑居（舎房に看守なしで数床配置）で交談を禁止し得ないとしている。

　一般の重罪犯罪者には独居拘禁の重労働を課すが、軍刑事施設の場合、重労働を課すとしても報酬なしの1時間半の「カンフル的教練（Shot drill）」の重労働を交流作業によって毎日2回課す程度とする。*Ibid.*, at .当時の議論としては、一般の重罪刑事施設と軍刑事施設の比較ではあるが、沈黙の分離独居拘禁制が一般兵士には道徳的に破綻する過酷なものであるため、軍刑事施設にあっては交談を放任した「原則」沈黙制の雑居拘禁が提示されていることが分かる。これは、逆に言えば、軍規違反と刑事犯との罪質の軽重が問われるべきは無論であるが、軍刑事施設に適用できないほどの過酷な刑罰を重罪刑事施設は採用導入してきたとはいえる。なお、軍規違反行為には、反乱、脱走、常習酩酊、欠勤などが含まれている。*Ibid.*, Second- Report, at xii.

57) *Ibid.*

58) U.R.Q.Henriques, *supra* note 10, at 179, 180.
59) *Ibid.*, 180.
60) Prison Act 1823, *supra* note 21.
61) Prison Act 1839. "An Act for the better ordering of Prisons" (2 & 3 Vic.c.56).
62) *Ibid.*, ss.3-4. ①居室は保健基準に適合する規模と様式であって、照明・暖房・換気が施され、刑務官と何時でも接触できる手段の用意があること、②受刑者は医官から必要とされた回数、外気に触れ運動をとる手段、適切な書籍、労働・作業の用意があること、③道徳的・宗教的教示の手段の用意のあること、また④個別の分離独居拘禁が不十分な刑事施設でも、規則によって罪種、性、年齢、刑期、他の事情によって階等級を特定すべきことなどを規定する。*Ibid.*, s.4.なお、ここにいう刑事施設（プリズン）には、ジェイル、矯正施設（House of Correction, Bridewell）、懲治施設、拘置施設（Lock-up House）、その他の刑事拘禁施設をいう。*Ibid.*, s.13.翌1840年の刑事施設法は、39年法を部分改正し、重労働を伴わない民事負債の被拘禁者および軽罪の被拘禁者と他の重罪者とに2大区分をして拘禁すべきとし、双方の収容施設を分離することになった。Pison Act 1840. "An Act to amend the Act for the better ordering of Prison " (3 & 4 Vic.c.15), s.2.
63) 内務大臣は、国地方を問わず新規刑事施設の計画につき許認可状（Certificate or Declaration）を与える権限をもち（12条）、刑事施設監察官は建物および居室が分離拘禁形態の基準を充足しているかにつき確証し内務大臣に報告する権限をもっていた（4条）。*Ibid.*, ss.4, 12.
64) E.Du Cane, *supra* note 7, at 56.Albert Crew, LONDON PRISONS OF TODAY AND YESTERDAY: PAIN FACTS AND COLOURED IMPRESSIONS, 1933, at 75.J.E.Thomas, *supra* note 48, at 16. ポートランド（Portland）刑事施設は1850年に建築され（48年説あり）、後に「生ける者の壮大な墓標」と評されたダートムアさらにポーツマスの刑事施設はハルクが転用改築されたものである。D.L.Howard, *supra* note 7, at 79.
65) Philp Priestley, VICTORIAN PRISON LIVES:ENGLISH PRISON BIOGRAPHY 1830-1914, 1985, at 7. 2か所の重罪者刑事施設は、Coldbath Fieldsおよび Tothill Fieldsである。
66) L.Radzinowicz and R.Hood, *supra* note 18, at 491.
67) Prison Act 1842. "An Act to amend the Laws concernig Prisons" (5 & 6 Vic.c.98), s.3.
68) Prison Act 1844. "An Act to extend the Powers of the Act for encouraging the Establishment of Disrict Courts and Prisons" (7 & 8 Vic.c.50), s.4.
69) C.Harding et al., *supra* note 13, at 150.

70) 初代の監督官はジェブを長とし、上級監察官（senior inspector）のオブライエン（D.O'Bryen）、そして元のミルバンク懲治施設長ボールズ（H.P.Voules）の3人で、内務大臣によって任命された。オブライエンは、ペントンヴィル、ミルバンク、パークハーストの各国立懲治施設、またボールズはハルクを監督する地位にあった。この監督官制度によって、従来の懲治施設への巡察官（Visitors）制度は廃止となった。Prison Act 1850."An Act for the better Government of Convicted Prisons" (13 & 14 Vic.c.39). S.McConville, *supra* note 8, at 216.

71) Geoffrey Best, MID-VICTORIAN 1851-75, 1971 (p.b.ed.1990), at 250-253.1851年の大博覧会の開催は当時の世界的経済発展の象徴的表現であったといえる。自由貿易政策は1850年代および60年代の「農業の黄金時代」と評される農業的繁栄にも寄与したとされる。S.Lee, *supra* note 1, at 4-5.

72) S.Lee, *Ibid.*, at 133.すでに、1848年には最初の公衆衛生法（Public Health Act）が成立し、地域保健局（Local Board of Health）を通じた公衆衛生が行われ始めた。もっとも、公衆衛生の向上を求める動きは、住居、人口密集のスラム等の規制を衛生監察官および警察官の関与によって行うものでもあり、市民生活が公的監視を受けることを助長する側面をもった。G.Best, *Ibid.*, 295.50年代初めのアバディーン（Aberdeen, 1852-55）連合政権は立法上の合意形成が容易であったことを示している。

　この時期にパーマストン内務大臣（Palmerston.ホイッグ党）は多くの社会立法の成立を図った。彼は、後に首相となるが（1855-58、1859-65）、刑事施設の状態を改善するために約30年間にわたり「最初の意義ある諸措置」を講じたとされる。この措置とは、分離独居拘禁期間の短縮（18か月を9か月に半減）、1853年刑事重懲役法の立法による流刑廃止、良好な行状による保護観察（「プロベーション」と呼ばれる）制の導入、青少年犯罪者の処遇改善の立法化（Reformatory Schools Act 1854）などに見られる。S.Lee, *Ibid.*.なお、1834年の救貧法改正以降、浮浪者の寝食を見返りとした施設（workhouse）収容、住居をもたない貧困者のアサイラム（asylum）への一時収容など、貧困者、社会的弱者（障害者、女性、少年）への「保護」施策も講じられてきた。Sidney and Beatrice Webb, ENGLISH POOR LAW POLICY, 1910, at 13, 16.

73) 首都警察は、1855年の暴動（Sunday trading riots）、首都圏における1866、67年の議会改革の運動、マーフィの暴動（Murphy riots）は、後方に軍隊を配置し、リバプール警察に応援を受け対処した。G.Best, *Ibid.*, 293.ベストによれば、警察の保護は資産家の財産、家屋、宗教、政治を保護する機能をもったとする。

74) イングランドおよびウエールズにおける正式起訴犯罪者数は、1841年2万7,760人（人口1,591万4,118人、人口1万人比17.4人）、1851年2万7,960人（同1,792万7,609人、同万比15.6人）、1861年1万8,326人（同2,006万6,224人、同万比9.1人）、1871年1万6,269人（同2271万2,266人、同万比7.2人）に減少している。Peter W.J.Bartrip,

Public Opinion and Law Enforcement:The Ticket-of-Leave Scares in Mid-Victorian Britain, in Victor Bailey (Ed.), *supra* note 4, at 156, 157, 166.

75) 1855年刑事司法法は、被疑者の同意による略式裁判で有罪となった場合には重労働なしの拘禁刑によって刑事施設(ジェイル、矯正施設)に収容すること、他方正式起訴裁判は、略式裁判の同意のない場合、有罪歴から流刑または刑事重懲役を科し得るものである場合、諸般の状況から正式裁判を治安判事が妥当と思料する場合、のいずれかに付されるとする。同法は、軽微犯罪の場合に、被疑者の同意によって略式裁判を促進することになり、訴訟経済の軽減・審理促進を図るものであった。Criminal Justice Act, 1855 (An Act for diminishing Expense and Délay in the Administration of Criminal Justice in certain Cases) (18 & 19 Vict.c.126) s.1.

76) この時期の財産事犯、暴行事犯、酩酊事犯の犯罪統計(イングランド・ウエールズおよびランカシャー地域)につき、ガトレル=ハーデンの研究がある。財産犯は、1850年代末を基準にして人口比で見ると、次第に減少し始め、1860年末および1880年初めに揺り戻しのピークはあるものの、1890年にかけて6割程度に逓減傾向を示してしている。V.A.C.Gatrell and T.B.Hadden, Criminal Statistics and their Interpretation, in E.A.Wrigley (Ed.), NINETEENTH-CENTURY SOCIETY:ESSAYS IN THE USE OF QUANTITATIVE METHODS FOR THE STUDY OF SOCIAL DATA, 1972, at 336, 364, 374.

77) W.L.Clay, *supra* note 15, the former, at 25.

78) Mary Carpenter, OUR CONVICTS, Vol.1, 1864 (repr.1969), at 231.西部オーストラリアのスワンリバー(Swan River)移植地から内務大臣グレイに宛てられた嘆願書によれば、「流刑者」(条件付追放者)の受け入れ理由は、同所の移植者は一般の労働力不足を補うこととだけでなく、道路・橋梁・船舶停泊施設建設のために流刑中の公益労働までを必要としていたように経済的理由によるものであった。同所への受け入れも年500人程度でしかなく、本国からの約3,000人を到底受け入れられるものではなく、この動きも流刑廃止の本流を変えるものではなかった。W.Clay, *supra* note 15, the former, 28-29.

79) An Act to substitute, in certain Cases, other Punishment in lieu of Transpor tion (16 & 17 Vict., c.99, 1853).

80) 国王、(副)総督(Lord Lieutenant, Chief Governor)は条件付恩赦として、死刑相当の重罪者を流刑とともに重懲役に減刑できることにもなった(5条)。重懲役による収容施設は、連合王国内の区域、河川、港湾にある刑事施設または拘禁施設である(6条)。許可状による条件付釈放の資格は、刑期7年の場合3年経過後、刑期10年までは4年、刑期14年までは6年、20年までは8年、終身刑では10年経過後に得られるが、実際は、殺人事犯では15年の刑執行後であった。M.Carpenter, *supra* note 78, at 245. 重

罪者刑事施設監察官であるジェブが、1853年に内務事務次官（H.Waddington）に宛てた書簡では、重懲役10年に4年半での条件付釈放が提示されている。Joshua Jebb (Ed.by the Earl of Chichester), REPORTS AND OBSERVATIONS ON THE DISCIPLINE AND MANAGEMENT OF CONVICT PRISONERS, 1863 (Repri.1985), append.B, at xiv.
81) D.Smith, *supra* note 45, at 251, 257.
82) 1853年は法施行日（9月1日。16条）から期間が短いため623人であったが、1854、55年、法改正後の1857年、62年には、各々2382、2215、2 703、3369人と急増するに至った。J, Jebb, *supra* note 80, append.D, at xxxvii. ジェブが内務大臣E・グレイに宛てた1856年の両院特別委員会のための覚書によれば、重懲役は分離独居拘禁と公益作業を結合したもので、流刑以上に一層確実で抑止力のある刑罰であり、効果的で経済性のあるものとする。*Ibid.*, append.C, xv .S.McConville, *supra* note 8, at 197.
83) The Penal Sevitude Act, 1857. "An Act to amend the Act of the Sixteeenth and Seventeenth Years of Her Majesty, to substitute in certain Cases other Punishment in lieu of Transportation" (20 & 21 Vict. c.3).
84) D.Smith, *supra* note 45, at 244, 245.Cf.M.J.Wiener, *supra* note 23, at 109.
85) M.H.Tomlinson, *supra* note 27, at 132.
86) 1853年重懲役法における流刑刑期7年が重懲役4年に相当する根拠は、流刑7年は、実務上、イギリス本国で約3年（18か月の分離拘禁および以後の公益作業）の刑執行となり、これに続くオーストラリア移送後に許可状での放免となることから、本国では同様の許可状釈放までに通常4年の刑執行と換算したことによる。ジェブは、実務上、ハルク刑期7年は善行により4年服役後、またミルバンク懲治施設での刑期5年は同じく7年、終身刑は10年の服役後に許可状による釈放となることを承知していた。M.H.Tomlinson, *ibid.*L.Radzinowicz and R.Hood, *supra* note 18, at 498-499.
87) J.Jebb, *supra* note 80, append.B, at xiv.
88) 実際には、グレイの主張するように、女子刑事施設、少年刑事施設は男子刑事施設とは異なりパターナリスティックな改善的な処遇の措置がとられた。
89) D.Smith, *supra* note 80, at 250. これに対し、ジェブは、流刑者には許可状による釈放が認められていることから、重懲役受刑者にも善行によってレミッションが与えられるように統一基準を設けるべきとしていた。後に、内務大臣グレイの回状によって、重懲役刑における善行保持によるレミッション（許可状による釈放の応当資格）基準が示達された。これによれば、重懲役刑3年のとき6分の5（＝2年6月）の服役経過後に、同4年もしくは5年のとき5分の4（＝3年3月もしくは4年）経過後、6年〜12年のとき4分の3の経過後、または15年以上のとき3分の2の経過後、それぞれ許可状による釈放が可能になった。Circular of the 27 June , 1857, Parliamentary Papers,

XXIX, 1857, at 312-314.L.Radzinowicz and R.Hood, *supra* note 18, at 501.
90) M.H.Tomlinson, *supra* note 27, at 132.
91) 特別委員会は、重懲役刑は流刑と同一期間とし、1853法に規定する流刑よりも短期に換算した刑は廃止すべきことを勧告した。Third Report from the Select Committee on Transportation, Parliamentary Papers, XVII, 1856, at 399. この勧告によれば、7年の流刑＝重懲役刑の例では、拘禁期間4年の経過後に許可状による釈放資格を得ることになる。1857年法の成立に見られるように、この揺り戻しが立法化されることはなかった。重懲役刑施行後、1853年10月以降1862年までに満期釈放および無条件釈放となった者は年平均891人、許可状による釈放者は年平均1,400人で、後者の再収容率は2割であった。J.Jebb, *supra* note 80, at 43-44.
92) M.H.Tomlinson, *supra* note 27, at 134.
93) D.Smith, *supra* note 45, at 251-252.
94) U.R.Q.Henriques, *supra* note 10, at 183.
95) W.L.Clay, *supra* note 15, the former, 60-61. クレイはジェブの言葉として引用する。
96) M.H.Tomlinson, *supra* note 27, at 126. チャタム重罪者刑事施設では、1861年受刑者による「希望のない暴動の頻発」は、必然の産物であった。L .Radzinowicz and R.Hood, *supra* note 18, at 522-525.この重懲役制度を「新しい根拠づけの秩序を再構成するための立案」であるとして、政治的、社会的、法律上の改革であり「労働者階級の良心に罪と強制による内心的規律を植え込むことを企図した制度と戦略の彫琢物」（イグナティエフ）とする見解がある。M.Ignatieff, A JUST MEASURE OF PAIN, 1980, at 210, 213. この見解は、刑罰改革の複雑な過程を単純化するもので、政策決定過程における軍隊的規律の浸透、グレイ対ジェブ論争などを捉え切れない。同旨。D.Smith, *supra* note 45, at 259.またホイッグ党による窮貧者への社会的、良心的刑罰改革とすることは、立法過程と法条文を極度に重視した見解であるが、これは刑罰実務おいてジェブの濃厚な個性が及ぼした軍事的規律等の影響力をリアルに見ないことになる。M.Grünhut, PENAL REFORM:A COMPARATIVE STUDY, 1948, at 43 ff. この点で、ベイリーのつぎのリアルな分析は妥当である。「1853年〜1863年の間に中央の官僚機構は刑事施設の内紛（重懲役法の変則的運用が一面助長）と重罪者刑事施設の運営に対する公衆の批判の難局を、第1段階で分離独居拘禁、第2段階では公益作業の交流労働を基礎にした許容できる重罪者規律制度を継ぎ剥ぎすることによって切り抜けた」。V.Baily, *supra* note 5, at 16.
97) バーミンガムの巡視判事は新設の刑事施設長にマコノキーを起用し、のちに罷免したが、実質的な運営の実権は副施設長（後に施設長）のオースティン（Lieutenant Austin）下にあり、マコノキーが辞職の1年半後の1853年には施設において受刑者に

対する負債点数の賦課、踏み車踏みの重作業、不法な懲罰などが行われているとの悪評が受刑者の自殺などによって知られてきた。内務省の査察官ペリーは内務大臣パーマーストンに同内容の調査結果を報告している。Parliamentary Papers, XXXI, 1854, at 29. レスターの刑事施設においても、同作業の過酷さ（午後6時までの1万回の踏み車踏み）と併せ、作業の不完遂者には懲罰として不法な鞭打ち、減食が頻繁に加えられていた。S.& B.Webb, *supra* note 10, at 169-171.しかし、これらは分離拘禁制度の極端な態様を示したものであるが、同制度に含まれる非人道的要素の発現でもあり、その「過酷さ」は程度問題であるといえる。

98) S.& B.Webb, *supra* note 10, at 175.J.Thomas, *supra* note 48, at 18.
99) The Select Committee of the House of Lords on Prison Discipline.カーナボンと刑事政策との関わりにつき、マッコンビルの研究が詳しい。Seán McConville, ENGLISH LOCAL PRISONS 1860-1900: NEXT ONLY TO DEATH, 1995, at 97-148. S.McConville, *supra* note 8, at 363.
100) 居室のサイズにつき、国立施設の居室（13×7フィート）に比べ、短期刑が中心の地方施設の居室は狭くてよいとする（9×6フィート）。Minutes of Evidence, Report from the Select Committee of the House of Lords on the Present State of Discipline in Gaols and Houses of Correction (The Carnarvon Report), Parliamentary Papers, IX, 1863, at 108-131. 随所に陸軍刑事施設における分類、厳正独居拘禁、規律、糧食、衛生等を称賛し、一般刑事施設へのそれらの基準の適用を説いている。Paras.1155, 1215, 1240-1242, 1253, 1275, at 114, 119, 122, 123, 125.
101) Report, Parliamentary Papers, IX, 1863, at ⅲ, ⅵ, ⅹⅲ. その他、糧食基準、睡眠時間、統一規律の確立のための監察、釈放者の顔写真の警察配布の利点などを説く。*Ibid.*, x - xⅲ, xⅵ.
102) Report, *ibid.*, paras.6, 8, at ⅶ, ⅸ.
103) Report, *ibid.*para.8, at ⅸ. Minutes of Evidence, *supra* note 100, para.1225, at 120.
104) D.Howard, *supra* note 7, at 97.ウェッブは「恐れるべき諸勧告」と評する。S.& B.Webb, *supra* note 10, at 189.
105) The Prison Act, 1865. "An Act to consolidate and amend the Law relating Prisons" (28 & 29 Vict.c.126).
106) 懲罰は違反行為の初犯または再犯に応じ、刑事施設長または巡視裁判官による裁定によって科される。*Ibid.*, sche.Ⅰ, paras.56, 57, 58.
107) *Ibid.*, sche.Ⅰ, Regulations for Government of Prisoners.
108) D.Howard, *supra* note 7, at 98. 1865年法は重労働を二区分し、第1級には踏み車、カンフル的教練、クランク、巻き上げ（キャプスタン）、石割りなど、第2級には裁判官が指定し、内務大臣が認めるそれら以外の肉体労働を規定するが、この1級の重労働

は過酷なもので復讐的意味合いの強いものである。なお、第1級の重労働は16歳以上の男子に3か月以内で（以降は巡視裁判官の裁量で）、平日に6～10時間課され、第2級のものは16歳未満および女子に同様に適用される。The Prison Act, 1865, s.19, sche.1 para.34, 35.注5 6 参照。

109) Report of the Commissioners Appointed to Inquire the Operation of the Acts relating to Transportation and Penal Servitude.Parliamentary Papers, XXI, 1863, at 1.

110) L.Radzinowicz and R.Hood, *supra* note 18, at 527.なお、コックバーンの反対意見につき、Report, *supra* note 109, at 75-97. D.A.Thomas, THE PENAL EQUATION: DETERMINATION OF THE PENALTY STRUCTURE OF ENGLISH CRIMINAL LAW, 1978, at 42-43.

111) *Ibid.*, 526.

112) 例示すれば、同法は①重懲役刑の下限を3年から5年に引き上げたこと（2条）、②従来、監督官に委ねられていた受刑者の施設規律違反行為への体罰権限、裁定・懲罰権限を治安判事に委譲したこと（3条）、③許可状による釈放者（＝許可状保有者）は非行、略式裁判での有罪によって許可を取り消され得ること（4条）、④裁判官、警察官等によって提示を求められた仮釈放者が許可状の提示をせず、または犯罪行為でない行為によって許可条件に違反した場合には重労働を伴う伴わないにせよ3か月以下の期間、拘禁刑により略式犯罪で有罪となったものと見なすこと（5条）、⑤警察官は犯罪実行または許可条件違反の合理的嫌疑があれば令状なしに仮釈放者を拘束できること、などを規定している。

113) M.J.Wiener, *supra* note 23, at 100.鞭打ち刑は、まず女子への科刑禁止に始まり（1830年）、後に14歳以下の少年を除き禁止された（1862年）。Whipping Act 1830（11 Geo. IV & 1 Will.=Gul. IV）, Whipping Act 1862（25 & 26 Vic.c.18）An Act to amend the Law as to the whipping of Juvenile and other Offenders. しかし鞭打ちの身体罰は懲罰として、1862年の公刑罰の廃止後も残った。身体刑（corporal punishment）は、1948年刑事裁判法によって廃止されるまで存置された。

114) J.Innes, *supra* note 1, at 108.

115) C.Bateson, *supra* note 44, at 283.

116) The Habitual Criminal Act, 1869（32 & 33 Vict.c.99）.累犯者とは死刑が法定刑ではなく、重懲役が科されない通貨偽造、詐欺等の犯罪者で、財産犯罪による有罪歴のあるものをいう。s.8, sches.1, 2.The Prevention of Crimes Act, 1871 (34 & 35 Vict. c. 112).ss.6, 7.

117) The Employers and Workmen Act, 1875.The Factory Act, 1874.S.Lee, *supra* note 1, at 153-154.

118) J.Thomas, *supra* note 48, at 20.
119) *Ibid*., at 21, 38.Hansard（Third Series）, CCXXX, cols.277, 282.審議経過につき、S.McConville, *supra* note 8, at 471-482.
120) この経緯につき、L.Blom-Cooper, *supra* note 22, at 68-69.
121) The Prison Act, 1877. "An Act to amend the Law relatig to Prison in England" (40 & 41 Vict.c.21).
122) これらの委員の給与は、内務大臣が大蔵大臣の承認を得て決定され、国庫から支給されるものである（8条）。
123) 規律違反行為の重いものとは、再違反行為（再犯）をいい、1865年刑事施設法の58条の規定による（14条）。本節5、および本章注106参照。
124) 注108参照。第1級重労働は16歳以上の重懲役者男子に、刑期3か月以内の場合全期間、同3か月を超える場合最初の3か月間に課されるが、内務大臣はそのうちの2か月またはそれ以内の期間、一般または特別の規則により条件付または無条件で（第2級に）変更できるというものである。その際、被収容者の有罪歴、精励さおよび行状を考慮することとされる（37条）。The Prison Act, 1877, *supra* note 121, s.37.
125) ノッチンガム（Corporation of Nottingham）およびオックスフォード（Oxford City Council）の自治体は典型である。J.Thomas, *supra* note 48, at 22, 23.ポーツマスなど地方の市町村（バラ）は独自経費によって、過去数年間に刑事施設を建設しており、このことは地方にとっては国有化は資産を奪うものとして政府案に反対の、そして政府にとっては地方にこのような経費負担をさせないための国有化案の根拠となった。Hansard's Parliamentary Debates（Commons）, Third Series, Vol.230（CCXXX）, col（=p.）.278（Jun 22, 1876）.
126) J.Thomas, *Ibid*.
127) Hansard, *supra* note 125, col. 274.法案に反対する意見は、バートロット（Sir Walter Barttelot）議員によっても述べられた。地方の刑事施設は6分の5が短期刑、残りが長期刑用の施設であり、被収容者の9割が3か月以下の刑期で、残りがそれより長期の刑で収容の状況にある。このことから、施設の集中化によって、「これらの短期刑の被収容者を国中に移送することになるのか、とすればその移送経費は誰が負担するのか」など、集中化による無駄な移送について疑問を提示している。*Ibid*., col.298.
128) *Ibid*., col.274.ハワード協会には与党側議員も属していた。ハワード協会内の動揺につき、G.Rose, *supra* note 16, at 38~41.
129) *Id*., 275.内務大臣は、サルフォード（Salford）、マンチェスター（Manchester）、スタッフォード（Stafford）の各大規模施設の年経費（被収容者1人当たり）が、各々15、17、28ポンドであるのに対し、小規模施設のチバートン（Tiverton）、リンカーン（Lincoln）の同経費が各々104、114余ポンドであるとした。リーランズは、1875年の

報告書から小規模施設のチバートン、リンカーンの同経費が各々60、41余ポンドであることの試算結果を示した。Id.

130) Ibid., col.281.
131) Ibid., cols.275, 277~281.国立のペントンヴィル（収容人員970人）、パークハースト（同450人）、ボースタル（Borstal. 同315人）の刑事施設等は、各々30、52、55ポンドの経費で、国立施設の平均同経費は50ポンド、地方刑事施設（ジェイル）のそれは27ポンドであるとした。Ibid., col.280.また、国立の重罪者刑事施設は同経費33ポンド、地方刑事施設ランカシャー（Lancashire）は、同経費が17ポンドで国立の施設経費の約半分であることも指摘した。Hansard's Parliamentary Debates (Commons), Third Series, Vol.232 (CCXXXII), col.398 (Feb.15, 1877).
132) 1877年法は、第2次ディズレリー政権（1874～1880年）の「保守主義の産物であり、ディズレリーは十分な議事日程を与えずに立法化を図ったとされる。S. Lee, supra note 1, at 155.当時、社会的影響力をもち、内務大臣に代表を派遣するなどしていた社会科学協会（The Social Science Association）が説いていた刑事施設における「運営の経済性および規律の統一」は、内務大臣クロスの法案提出の冒頭演説において、引用され提案根拠にされた。Hansard's Parliamentary Debates (Commons), Third Series, Vol.229 (CCXXIX), col.1537 (Jun.1, 1876). なお、社会科学協会は、1857年に設立され、刑事政策に多大の影響を与えてきており、先の自由党政権下では、会員であるブルース（Henry Austine Bruce, Lord Aberdare）は、内務大臣（1868～1873年）に就任するほどであった。M.Wiener, supra note 23, at143.
133) 重罪者刑事施設の重懲役は、被収容者1人の年管理経費が33ポンドであったが、公共労働である重労働によって20ポンドの収益を上げていたことから、被収容者1人当たりの年経費は13ポンドで、年労役収益は3ポンドでしかなかった。地方施設の国有化は、地方施設の被収容者の年管理経費が27～28ポンドだとして、重労働を課すことを意味するとすれば、中央政府である国家の支出は名目よりさらに軽減されたものになり、またこれが現実化した。ドッドソン（Mr.Dodson）議員は、統計資料をもとに、当時の被収容者、労役による収益を算出している。重罪者施設には1万人が収容され、20万ポンド収益を上げ、地方刑事施設にあっては労役を課せる1万8,000人が年5万ポンドの収益を上げていたとする。Ibid., col.308.
134) J.Thomas, supra note 48, at 23, 24.
135) S. & B.Webb, supra note 11, at 202.従来の「地方」施設は1894年までに統廃合によって56施設に半減した。Id.
136) R.F.Quinton, CRIME AND CRIMINALS, 1876-1910, 1910, at 4.1876年の地方刑事施における平均被収容者数は1万7806人であった。当時の、大規模施設は40施設あり、ここで2万人分の居室が確保され、残り70余施設に2～48人の収容可能な居室があっ

た。このことから、1877年法によって地方政府が譲歩した権限は実質的に最小であったとする見解（ブロム・クーパー）もある。L.Blom-Cooper, *supra* note 22, at 70.
137) S.& B.Webb, *supra* note 11, at 201.
138) J.Thomas, *supra* note 48, at 8, 9, 40.
138-2) ブレブナーはグラスゴー刑事施設長、パース総合刑事施設長、ラナークシャー（Lanarkshire）地方の刑事施設監理官（superintendent）を兼務した。Andrew Coyle, INSIDE:RETHINKING SCOTLAND'S PRISONS, 1991, at 29.
139) 1845年の彼の年次報告書によれば、鉄の規律に支配されない人道的な職員のもとでの被収容者の処遇、── それは彼らの社会内での生活よりましな被服・十分な糧食・ハンモックでの就寝、縫製・靴製作などの職業訓練的生産作業であるが ──、それは「刑罰的特徴をもたない」ものであり、これらがなければ「私は分離独居拘禁制度（separate system）に反対」するとまで述べている。Annual Report for Inspector of Prisons for Scotland, 1845, in A.Coyle, *ibid.*, 70-72. この背景には、スコットランド地方には都市化、織物業の不安定、織機改良の過当競争などによって経済的低迷、不況が頻発し、これにより失業および貧困が生じていた。この住民の貧困状態は著しく、従来の教区単位による救済によってはこの急激な都市化現象に対応できなかった。このため、1841年にはスコットランド教会年次総会は、住民の貧困状態に対する公式調査を要求している。1844年に設置の委員会は調査を実施し、翌1845年には救貧法の改正法が成立した。

　このように、財産犯を主要にした犯罪および犯罪者処遇の問題も、犯罪者の置かれた社会的、生活上の環境との関連で位置づけ社会化に向けて対応せざるを得ない客観的状況にあったといえるであろう。貧困者に対する制度的な積極的対応は1850年代後半から60年代初頭にかけ、監督局（Board of Supervision）の組織編成・権限強化、教区事務所（Parochial board）間の調整となって現れた。Scottish Record Office, POOR RELIEF IN SCOTLAND:HISTORICAL BACKGROUND DOCUMENT EXTRACT AND COPIES, 1995, para.29, at 26.The Poor Law (Scotland) Act, 1856. "An Act to amend the Law relating to the Relief of the Poor in Scotland" (19 & 20 Vict.c.117). The Poor Law (Scotland) (No.1) Act, 1861. " An Act to make Provision for the Dissolution of Combinations of Parishes in Scotland as to the Management of the Poor" (24 & 25 Vict.c.18).
140) スコットランドの処遇制度は、被収容者間の交談は禁止されていたこと、またごく短期間、教会（堂）の席の遮蔽囲い・運動中の顔面マスク着用が強制されていたことがあったが、靴・織物・縫製・修理の職人を施設職員に加え生産的労働（10時間／日）に従事させ、超過時間分の収入は家族への送金および釈放後の生活資金に充てることができるなど、総じて生産的・教育的処遇であり、これはイングランド地方の分離独

居の非生産的・重労働を伴った処遇とは、著しい違いを見せたものであった。A.Coyle, supra note 138-2, at 69.この傾向は、パースの総合刑事施設においても堅持され、重懲役刑の場合に重労働が課されることはなく推移していたが、第2代刑事施設監察官オブライン大尉（Captain Donald O'Brien）および1850年代の第3代キンケイド大尉（Captain John Kincaid）と推移するなかでイングランドの処遇と類似の中央政府の統制が強まった。Ibid., at 69, 72.刑事施設監察官につき、本章2節4参照。

141) "An act to amend certain Acts for the Improvement of Prisons and Prison Discipline in Scotland" (14 & 15 Vict.c.27, 1851).

142) A.Coyle, supra note 138-2, at 73.

143) Ian Donnachie, Scottish Criminals and Transportation to Australia, 1786-1852, Scottish Economic & Social History, Vol.4, 1984, at 25.「スコットランドにおいては、流刑は大ブリテン島の他の地域ほど犯罪との意味ある闘いの武器ではなかった。ある程度、裁判官側は流刑に依拠することに伝統的にためらいがあった。しかし、ナポレオン戦争の期間後に犯罪率の上昇に連れて、流刑が常習犯罪者に対する、ごく一般的な刑罰となった」。Ibid., 36.本稿2章3節参照。

144) Scottish Record Office, THE SCOTS IN AUSTRALIA:HISTORICAL BACKGROUND, LIST OF DOUMENTS, EXTRACTS AND FACSIMILES, 1994, paras. 9~11. Cecil Sinclair, TRACING YOUR SCOTTISH ANCESTORS, EDINBURGH: HMSO, 1993（3rd.ed）, at 93.

145) The Prisons (Scotland) Administration Act, 1860. "An Act to provide for the Management of the General Prison at Perth, and for the Administration of Local Prisons in Scotland" (23 & 24 Vit.c.105). supra note 36.

146) 総合刑事施設においては、いずれも除外事由のない9か月以上の拘禁刑受刑者、移送を妥当とする（9か月より短期の）受刑者、一定期間の重労働を科すと言い渡された受刑者が収容される（64条）。これに精神障害の受刑者が収容された。A.Coyle, supra note 138-2, at 74.

147) パース州裁判所長（＝地方刑事裁判所長。Sheriff Principal of the County of Perth）は、後に同州裁判所の裁判官を指すものとされた。The Prisons (Scotland) Act Amendment, 1865. "An Act to amend the (Scotland) Act, 1860, and to explain the Fifty-second and Seventy-seventh Sections of the said Act" (28 & 29 Vit.c.84).s.2.

148) 内務大臣は、主務担当大臣（One of Her Majesty's Principal Secretary of State）であり、スコットランド地方の場合、スコットランド担当大臣（The Secretary for Scotland）を指す。1926年にスコットランド（省）大臣（The Secretary of State for Scotland）（閣僚）となった。Michael Adler and Brian Longhurst, DISCOURSE, POWER AND JUSTICE: TOWARD A NEW SOCIOLOGY OF IMPRISONMENT,

1994, at 4.
149) 職員の解職は、内務大臣の署名した書状による命令による（19条）。スコットランド地方の全刑事施設には従来の刑事施設規則が改正のない限り適用され、同規則中の旧「総合委員会」は、「内務大臣」と読み換えるとする（7条）。訓令による場合、地方官報（Edinburgh Gazette）および地方新聞2紙に公示する（27条）。P（Sco）AA, 1860, *supra* note 145, ss.6, 7, 19, 26, 27.
150) 委員会構成上、州（地方）裁の裁判官（Sheriff）が職権上の委員となる（欠員の場合、同年長の代行）（6条）。*Ibid.*, s.6.例えば、都市部のラナーク州委員会は、理事選出の委員10人、5バラ選出の委員18人計28人の構成であった。北部のアバディーン州、南西部のレンフルー州、南東部のエディンバラ州、中部のパース州は、各々23、22、19、109人、小規模の州委員会（Clackmannan, Kincardine etc.）は6人の委員構成であった。*Ibid.*, Sche.A.州委員は、任期1年で、1861年4月113日開催の年例会において、予算委員会理事が初年度選出し、以降同日に選出される（112条）。*Ibid.*, s.12.州委員会の委員の名簿・住所一覧表は、初会合日かそれ以前に、内務大臣に提出することが義務づけられている（114条）。*Ibid.*, s.14.
151) A.Coyle, *supra* note 138-2, at 76.
152) 非公開の鞭打ち刑は、スコットランド法務長官が発令する規則に従い、かつ内務大臣の承認する形態で執行される（同条）。*Ibid.*, s.74.
153) この場合、5ポンド以下、40シリング以上の罰金刑が、即刻に完納できないとき、1月以下の拘禁刑が、または重労働を付加して科されるものである（同条）。*Ibid.*, s.75.
154) Prisons（Scotland）, Annual Report of the Prison Commissioners for Scotland, for the year 1899, Cd.138, 1900, Parliamentary Papers XVII App.No.III, at 11.
155) The Prisons (Scotland) Act, 1877. "An Act to amend the Law relating to Prisons in Scotland" (40 & 41 Vict.c.53).ss.72 and Sche.
156) *Ibid.*, s.7. 内務大臣は、必要に応じコミッショナーの1人を、委員長に任命できる（同7条）。
157) A.Coyle, *supra* note 138-2, at 80.イングランドの巡視委員会の脈絡ではあるが、「いかなる批判でも含まれれば、それらの公刊は全く認められなかった。……有益な批判がされることは希であった。……大きな暗闇が刑事施設制度全体を覆い隠した」との指摘はスコットランド同様に共通するものであった。S.& B.Webb, *supra* note 10, at 217.
158) *Ibid*.M.Adler and B.Longhurst, *supra* note 148, at 4.
159) 実際には、これ以外に釈放前の1年間、特別級に昇級する場合がある。級に応じ、友人との面会、通信回数、日曜日の自由運動時間の増加などの優遇に格差を設定する。E.Du Cane, *supra* note 7, at 163.試験観察中の独居拘禁下で9か月の居室内労働は、服

仕立て、靴製造、箆製作、槙肌作り、縫製などであり、これによって個別受刑者に適した公共労働、1日当たりの収益・報奨金が決定され、算定される。*Ibid.*, 162~163, 176.

160) *Ibid.*, 156.

161) Sir Evelyn Ruggles-Brise, THE ENGLISH PRISON SYSTEM, 1921, at 34, 39.デュ・ケーン自身も同様に累進段階処遇 (System of progressive stage) と表現している。E.Du Cane, *supra* note 7, at 197

162) E.Du Cane, *supra* note 7, at 163.

163) *Ibid.*, 162, 164.

164) The Penal Servitude Act, 1864, (54 & 55 Vict.c.69) .1863年以降、重懲役刑制度の改正など変動が見られた。1879年犯罪予防法は、①重罪(イングランドの場合。スコットランドは正式起訴犯罪)の前歴のある者が、正式起訴犯罪によって重懲役刑を科される場合、刑の下限を従来7年としていたが(1864年法2条)、この規定を廃止したこと、②大ブリテン島内の許可状を保持した男子重罪者および警察監視下の犯罪者は、毎月警察署長に対する報告義務のあること、および住所先、同変更、地域からの転出、転入に際しても同署長に告知、報告義務があることを規定し、重懲役刑の弾力的運用および釈放重罪者の社会内監視の強化を図った。"An Act to reduce the Minimum Term of Penal Servitude … and so forth". The Prevention of Crime Act, 1879, ss.1, 2 (42 & 43 Vict.c.55).

1891年重懲役法は、裁判官の裁量により、①重懲役刑の宣告刑の下限を3年まで引き下げること、②2年以下の拘禁刑(Imprisonment)に重労働を付加し得ること、さらに③許可状による釈放中の重罪者の順守条件違反の場合、遅滞のない報告および法順守の努力の証明がない限り、1年以下の拘禁刑を科すこと(重労働の付加も可能)などを規定した。事実上、重懲役刑は、重労働の付加された拘禁刑によって、実質的に1年以下の刑にまで科されると同様の状況が生まれた。"An Act to amend the Law relating to Penal Servitude and the Prevention of Crime". The Penal Servitude Act, 1891 (54 & 55 Vict.c.69), ss.1, 4. その他、同法は、(釈放の) 許可状保持者の警察による逮捕・拘禁(2条)、社会秩序違反の「怠惰で無規律な者、および浮浪・漂泊者」に対し、被疑者に関する規定を準用こと(7条)、内務大臣(およびスコットランド大臣)が被収容者の身体測定および写真撮影に関する規則の制定権をもつこと(8条)など、社会内および施設内における犯罪者の統制を強化する規定を置いた。

165) *Ibid.*, 164.施設長による規律違反の裁定は、①告発の調査、②被収容者の面前での言い渡し、③巡視委員会の委員長宛てに、被収容者の抗弁を付した報告書の送付、の手続きを経る。当初、懲罰として課せる減食期間は、施設長裁定が3日、巡視委員会が14日以内であった。J.Thomas, *supra* note 48, at 70.S.& B.Webb, *supra* note 10, at

210. なお、巡視委員会制度は重罪刑事施設には設置されておらず、1898年刑事施設法によって、ほぼ同一の制度が設置されることになる（後述）。

166) S.& B.Webb, *supra* note 10, at 203. 地方刑事施設の受刑者は、重罪者刑事施設に比べ、勤勉および善行によってレミッションを受けることがなく、劣位原則および短期の極度の抑止が執られたため厳しい処遇下に置かれた。S.McConville, *supra* note 55, at 240.

167) P.Priestley, *supra* note 65, at 39.

168) Prison Commissioner's Report (1878, c. 2174), at 39f.App.12, in P.Hinde, *supra* note 7, at 131-133.

169) 怠慢、非行、指示への不服従の場合、受刑者は、①労働の報奨金の剥奪、②段階での優遇の剥奪、③付加点数の獲得まで現段階に留置、④指定点数の獲得まで降格し、同点数獲得後原級に復する（6節）。施設規則の違反行為がある場合も同様である（7節）。

170) 各段階ごとの待遇はつぎの通りである。拘禁刑が28日以下の場合にも、受刑者は全期間を通じ第1段階に置かれるが（5節）、第1段階では、①第1級労働を厳重な監視下で1日10時間、そのうち6〜8時間は動力巻き上げ機の牽引など極度に体力を消耗する労働、②マットレスなしの板ベッドでの就寝、③労働報奨金なし、となる（8節）。第2段階では①最初の1か月間の第1段階を経て第2級重労働、②週2日のマットレスなしを除き、マットレスつき板ベッドでの就寝、③教科授業、④居室内での教科書利用、⑤日曜日ごとの運動、⑥1シリング（s）以下の報奨金支給となる（9節）。第3段階では①第2級重労働、②週1日のマットレスなしを除き、マットレスつき板ベッドでの就寝、③教科授業、④居室内での教科書および図書室書籍利用、⑤日曜日ごとの運動、⑥1シリング6ペンス以下の報奨金支給となる（11節）。第4段階では①施設経理労働、②マットレスつき板ベッドでの就寝、③教科授業、④居室内での教科書使用、⑤日曜日ごとの運動、⑥1回の信書発受および20分の面会の後、3か月ごとに1回の信書発受および半時間の面会、⑦2シリング以下の報奨金支給となる（13節）。ただし、重罪受刑者には板ベッドの就寝が義務づけられる（17節）。

171) 報奨金は、累進の第2〜第4段階に応じて支給基準が異なり、勤勉度査定点が各20点、12点、10点につき1ペニー（1d.）の報奨金の支給となる。しかも、報奨金は同段階ごとに限度額が設定され、各1シリング（1/20£.=1s.=12d.）、1シリング6ペンス（1s./6d.）、2シリング（2s.）以下とされる。第4段階での総点が896点を超える場合、10シリング以下とする規定を置いている（9、10、12、13、14、15節）。ただし、特別な価値のある公共労働の際には2ポンド（2£.）以下で加算金付の報奨金を支給される資格を得ることになる（16条）。いずれにせよ、報奨金は、少額に留められている。

172) デュ・ケーンは、重罪者刑事施設監督官、一般・軍刑事施設の監視総監・監察総監、

刑事施設管理委員長として四要職を兼ね、八人の内務大臣大臣、三人の事務次官のもとに「仕えた」。とくに、デュ・ケーン「体制」を形成した管理委員の在職期間は、委員長を含め1877年から1895年までの18年間の長きにわたった。E.McConville, *supra* note 55, at 527.

173) S.McConville, *supra* note 55, at 171, 172, 178.E.Du Cane, *supra* note 7, at 1.

174) S.McConville, *supra* note 55 at 176, 177.

175) *Ibid*., 173, 176.「刑罰的要素の目的は、刑に服する個人への効果のためよりも、他の人を抑止するためにある。(これは) ヒース判事が、刑の宣告の際、犯罪者に『あなたが絞首刑に処せられるのは、馬を窃取したからではなく、他の人の馬の窃盗を防止するためである』と示した所見と一致(する)」としたが、これは抑止刑の性格をよく表現している。E.Du Cane, *supra* note 7, at 1, 2. 抑止が主要目的となるのは、とくに長期刑の最初の段階、短期刑の全期間であり、その執行方法は、処罰的過酷さを伴ったものとする。S.McConville, supra note 55, at 180.処遇の外見上の形態は「処罰と抑止」に照準を合わせたもので、改善の理念はリップサービスでしかなかった。P.Priestley, *supra* note 65, at 7.

176) *Ibid*., 187.E.Du Cane, *supra* note 7, chs.7, 8, at 193f, 199f.

177) 人物評価として、デュ・ケーンを「独裁者。厳格な人物。人間を含め、あらゆる種類のものの順序正しい配置の愛好者」とする。S.McConville, *supra* note at 527.

178) P.Priestley, *supra* note 65, at 7.

179) *Ibid*., 549.

180) M.J.Wiener, *supra* note 23, at 215. ロンドン警視庁の犯罪捜査局長は、1883年には「ロンドンは、生命および財産に関し世界で最も安全な首都である」ことを力説していた。公式統計も1880年代までにはこれを支持し、劇的な犯罪の減少は、ヴィクトリア中期(1954～1870年)に脅威を与えていた「放置された犯罪者階級」の人数(推定)は、1869～70年の7万8,000人から、1889～1890年の3万1,000人に激減したとされる。女王即位60周年の1897年には、内務省刑事統計官は「犯罪は1836年以来、著しい減少を遂げた」と述べた。*Ibid*., 217-218.

181) 実際には、1879年略式裁判管轄法によって、正式起訴可能な犯罪であっても、①12歳未満の児童の場合、両親または保護義務者の同意を得て、②16歳未満の少年の特定犯罪の場合、本人の同意を得て、③成人の特定犯罪の場合、④40シリング以下の財産価値の犯罪の場合、そのいずれかであれば略式手続きで処理された。略式裁判では、被告人は3か月以下の拘禁刑か(重労働の付加の有無あり)、罰金刑を科される。同法は、軽微犯罪に対して、刑の短期化ないし施設収容の回避をもたらす合理化策であった。The Summary Jurisdiction Act, 1879 (42 & 43 Vict.c.49), ss.5, 10, 11, 49. 認知犯罪の動向は単純な逓減傾向にあったわけではなく、1875年には前年比で統計上増加

していた。この時期（1898年）には、過去の統計を加えた公式犯罪統計が公刊され、犯罪統計による議論が活発化するようになった。JUDICIAL (CRIMINAL) STATISTICS 1896:JUDICIAL STATISTICS, ENGLAND AND WALES, 1896, c.8755, 1898, at 13.
182) L.Radzinowicz and R.Hood, *supra* note 18, at 567-568.
183) ガーランドは、「1890年代から1900年代の社会的危機が、複合的な一連の政治的対応と主導を誘導した」とする。David Garland, PUNISHMENT AND WELFARE:A HISTORY OF PENAL STRATEGY, 1985, at 73. 「19世紀の最後の4半世紀は、いわゆる『大恐慌』の時代にあり、産業生産の成長率はすでに下降していた」ように、経済的にも不況の危機を迎えていた。Henry Pelling, A HISTORY OF BRITISH TRADE UNIONISM, 1963（2nd ed.1971）, at 89.
184) Carolyn A.Conley, THE UNWRITTEN LAW:CRIMINAL JUSTICE IN VICTORIAN KENT, 1991, at 173. 公道における秩序維持は、沿道の品格ある商店主に共感的に理解された。物乞い行為の処罰、売春の斡旋行為の処罰など、品位ある秩序維持の法制化も見られた。労働者階級の組合および（争議）行為は、暴行・脅迫等を伴う行為などを刑事罰の対象として犯罪化していたが、処罰範囲が限定されるなど、「労働組合の法的地位は、この期間（ヴィクトリア期）に、全国的に相当に変化した」。*Ibid.*, 195.The Criminal Law Amendment (Violence, &c.) 1871 (34 & 35 Vict.c.32). The Conspiracy, and Protection of Property Act, 1875 (38 & 39 Vic.c.86).
1885年には、売春宿の撤去、一般婦女子の性的同意年齢の16歳への引き上げ、21歳未満の同婦女の売春斡旋行為への刑事罰（2年以下の拘禁刑）による性風俗秩序（美徳）保護、1898年には売春依存行為・不道徳な目的での物乞いへの処罰拡大が図られた。"An Act to make further provision for the Protection of Women and Girls, the suppression of brothels, and other purpose" :Criminal Law Amendment Act, 1885 (48 &49 Vict.c.69). Asa Briggs, A SOCIAL HISTORY OF ENGLAND, 1983 (2nd ed.1987), at285. "An Act to amend the Vagrancy Act, 1824": Vagrancy Act, 1898 (61 & 62 Vict.c.39).
185) D.Garland, *supra* note 183, at 53.ガーランドは、1850年から1880年にかけて、この背景となった支配的イデオロギーを、古典経済学、功利主義哲学、福音主義の宗教とする。*Ibid.*, 41.
186) 1884年の第3次選挙法改正（Reform Act）によって、年来のチャーチスト（人民憲章運動家）の要求であった1つが実現し、都市（town）と同様に州（county）選挙区が設置され、また公民権が鉱山および農村の労働者に与えられ、国民の政治参加が著しく前進した。翌年6月、議会の議席が再配分され、腐敗選挙区の議席が一掃された。G.D.Cole and Raymond Postgate, THE BRITISH PEOPLE 1746-1946, 1947, at 345.

拙稿「イギリスの政治倫理と刑事法」犯罪と刑罰11号76頁以下参照。また、労働者階級の社会的影響力の増大は、1870年代における労働組合（活動）の合法化・非刑罰化、1870年の義務教育化（1891年の無料化）による労働者子弟の雇用機会の拡大によってもたらされた。H.Pelling, *supra* note 183, at 90.1893年には、生産・分配の手段の集団的所有・統制を掲げる独立労働党（Independent Labour Party, ILP）が設立され、組合内部で影響をもち始めた。*Ibid.*, 108.G.Cole and R.Postgate, *Ibid.*, 366.John Belchem, CLASS, PARTY AND POLITICAL SYSTEM IN BRITAIN 1867-1914, 1990, at 58.

187) M.J.Wiener, *supra* note 23, at 185.

188) デュ・ケーン体制の期間については、1878年の刑事施設管理委員就任から、1894年のグラッドストーン委員会設置までの17年間説（フォックス）、1877年刑事施設法の成立から1895年に後任の刑事施設管理委員長が就任するまで19年間説（ウエッブ）が考えられるが、中央集権的行刑制度の全面的な掌握および統制との関係では、施設管理委員長としての18年間（1878～1895）を指すのが妥当であろう。L.W.Fox, THE MODERN ENGLISH PRISON, 1934, at 19.S.and B.Webb, *supra* note 10, at 219.

189) 刑事施設管理委員デュ・ケーンおよび内務省は、他国の行刑制度から学ぶべきことはないとして、1872年のロンドン会議以降、1895年までの長期にわたり、イギリスの公的代表が犯罪者処遇関係の国際刑事施設会議（The International Prison Conference）に出席することを禁止した。S.& B.Webb, *supra* note 10, at 217.

190) The Kimberley Commission, Report of the Commissioners appointed to Inquire into the Penal Servitude Acts（C.2368）, 1879, Parliamentary Papers（1878-79）, vol.XXX VII, at 60-61.1880年には、内務大臣によって勧告項目の1つである非公式な「重罪者刑事施設巡視委員（Visitors of the Convict Prisons）」が任命された。同委員による施設立ち入り、受刑者への接見などが認められたが、その報告書の公刊は認められず、また公衆に知られないこともあり、逆にデュ・ケーンは、同委員の存在によって運営の正当性が保証されると強弁した。L.Radzinowicz and R.Hood, *supra* note 18, at 568-571.ウエッブは「1878年以降、刑事施設はほとんど暗黒の中に覆い隠された『沈黙の世界』になった」と評する。S.& B.Webb, *supra* note 10, at 235.

191) J.E.Thomas, *supra* note 48, at 69-71.

192) The Rosebery Committee, 1883.委員会は、諸刑事施設の職員による初の請願（8時間勤務制、年休の増加、賃金・手当ての調整、老齢退職手当ての値上げ）を受けたものである。これによって、8時間労働制、不服申立権、アジテートの権利が認められることになった。The De Ramsey Committee, 1891.J.E.Thomas, *supra* note 48, at 81-102.

193) G.Rose, *supra* note 16, at 56.

194) ローズは、人間と社会に関する画期的な科学的研究として、ブース（Booth）の『生活と労働（LIFE AND LABOUR）』、ピアソン（Karl Pearson）の統計分野での発見を挙げ、教会内部における新しい動きとして、救世軍（The Salvation Army）およびチャーチ・アーミー（The Church Army, 1882）など伝道奉仕団体の活動を指摘する。また、アイルランドの民族独立との関わりで、獄中経験のある民族主義者で、人道主義者連盟の一員であるデービット（Michael Davitt）議員の活躍も特記される。Ibid., 56-57.なお、1893 年内務省内に常習犯罪者の認定方法改善を図るトロープ（Troup）を長とする委員会が設置されたことは科学的研究が模索された反映といえよう。M.Wiener, supra note 23, at 344.ハワード協会は、組織自体としては、この時期影響力を全く与えなかったことは、刑罰制度の中央集権化に「協力」した経緯から見て興味深い。

長期にわたり同協会の事務局長であり、デュ・ケーン擁護派であったタラック（William Tallack）も、微温的ながら「イギリスの刑事施設は、他国のものに比べ受刑者に抑止効果を挙げるために考慮されている。……強盗、夜盗、暴力事犯に対する重懲役刑の長期の場合でさえ、多くのケースにおいて、その後に有罪判決を受けることなっている。……拘禁中、受刑者が健康を維持して有益な労働ができるようになるには、彼らには不可避的にいくつかの点で、とくに糧食に関しては、外部の誠実な労働者の条件よりも優れた条件が与えられねばならない」として、現行の処遇制度を支えた劣位原則を批判するに至った。W.Tallack, PENOLOGICAL AND PREVENTIVE PRINCIPLES, 1889, at 51.1903年彼は同職を辞した。M.Wiener, supra note 23, at 378.

195) デュ・ケーン批判と調査委員会設置要求を導いたのは、世論を喚起する批判の場を提供した、リベラルなデイリー・クロニクル副編集長マッシンハム（Henry Masssingham.1892-95)、後述する内務省アスキス（H.H.Asquith）大臣、グラッドストーン（Herbert Gladstone.首相 W.E.Gladstoneの子息）政務次官、そしてペントンヴィル刑事施設に投獄された経験をもち、労働運動のリーダーで、社会主義者のバーンズ国会議員（John Burns）とする。S.McConville, supra note 55, at 264, 554-555.とくに、デイリー・クロニクル紙の1894年1月23日から3回連載の匿名記事「わが暗黒地域（Our Dark Places)」は、文体は違うがモリスンの関わりがあると推測されるものであり、「フォートナイトリー・レヴュー（Fortnightly Review)」誌（1894年4月1日号）での記事「我が刑事施設は失敗か」と併せ、ジャーナリズムに反響を呼ぶものであった。G.Rose, supra note 16, at 58-59.D.Garland, supra note 183, at 64.L.Radzinowicz and R.Hood, supra note 18, at 573-575.

196) D.Garland, British Criminology before 1935, 28 British Journal of Criminology 2, 1988,7（137）.彼をキリスト教社会主義者、社会改良家とする見解がある。

S.McConville, *supra* note 55, at 559.

197) W.Morrison, JUVEVILE OFFENDERS, 1896, at v-vii, 236.彼は、ロンブローゾ (Lombroso) およびフェリー (Ferri) の著書の翻訳出版を1895年に行うが、ロンブローゾの生来犯罪者説の生物学的犯罪原因論は、当時のイギリスの犯罪理論に対してと同様に影響を及ぼしていない。D.Garland, *Ibid.*, 2 (132).他の著書として、W.Morrison, CRIME AND ITS CAUSES, 1891.

198) W.Morrison, *Ibid.*, at 271-273.なお、少年犯罪者に対しては、①拘禁刑は効果がなく、最後の拠り所でしかないこと、②14歳以下の学童年齢の子供には拘禁刑は再就学の余地があることから不適であり、14歳から18歳を未成熟な少年とすること、③若年者の大半は日常の仕事をすることができないことで犯罪的習慣に陥ってしまうこと、④常習犯罪者は精励な規律の欠如によるのであり、少年は刑事施設では、一般社会の秩序のある工場、商業施設におけるのと同様の、精励な規律（労働と勤勉習慣）の処遇に服するべきこと、⑤このように刑事施設の処遇原理が実施されれば、拘禁刑の性格は変わり、若年者にとっては今より厳しいものとなること、⑥教育的方式に立脚した少年犯罪を扱う原理が絶対的に有効であること、などを指摘する。*Id.*, at 239, 240-241, 248-251, 255-256, 275.

199) 刑事施設監察官リポートは、施設管理委員補助者の3分の2の施設関連経歴の欠如、地方刑事施設の費用上昇、職員への過度な軍隊規律、看守の加重労働・低賃金、微罪者と常習者との混禁、それほど罪の重くない被収容者に対する沈黙と分離独居拘禁がもつ拷問性などを例示し、「地方刑事施設の完全、明白な崩壊」があるとされていた。G.Rose, *supra* note 16, at 59.

200) 委員は当初7名であったが、アイルランド選出議員の圧力によって1名の追加があった。当初委員は、グラッドストーンの他、ウェスト（Sir Algernon E.West.高級官僚、財政専門）、ドリントン（Sir John E.Dorington.治安判事、巡回裁判官）議員、ブリッジズ（Dr.John H.Bridges.地方政府医療査察官）、ハルデーン（Richard B.Haldane.バリスタ）議員、デ・ルツェン（Albert.de Rutzen.首都警察即決裁判所）治安判事、オルム（Miss Eliza Orme.元地方政府局）女史、追加委員はオコーナー（O'Conner.アイルランド選出）議員であった。

当初の諮問事項は6項目（①地方刑事施設の収容設備、②少年および初犯の犯罪者の分離処遇、③（刑事）施設内労働と従事作業、④面会訪問・通信規定、⑤施設の規律違反行為規定、⑥700人以上の施設における副施設長の任命、および100人以下の施設での施設長の懲罰訴追行為を代理する看守の任命規定）であったが、調査が避けられない2項目（⑦常習犯罪者の施設内処遇、⑧被収容者の一般分類）が翌1895年1月に追加された。Prison Committee, REPORT FROM THE DEPARTMENTAL COMMITTEE ON PRISONS, C.7702, 1895, Parliamentary Papers, 1895, LVI, at i

(henceforth "Gladstone Report").
201) Gladstone Report, *supra* note 200, at 47.
202) *Ibid.*, paras.7, 13, at 2, 3.
203) *Ibid.*, para.15, at 4.刑事施設内、とりわけ重罪者刑事施設においては職員構成において軍隊的要素が支配的である事実を認めるが、「陸軍・海軍的訓練は確かに、組織の機能および規律維持を高めはするが、我々はそのことが刑事施設長の資格に枢要なことであるとは考えない」とし、行刑組織内の職員の人的構成に表れる軍隊的要素の対応は現状肯定的である。*Ibid.*, para.100, at 36.
204) *Ibid.*, para.18, at 5.
205) *Ibid.*, para.23, at 7.
206) *Ibid.*, para.19, at 5.
207) *Ibid.*, para.23, at 7.
208) *Ibid.*, para.25, at 8.
209) *Id.*
210) 「常習犯罪者は1つの方法、すなわちその供給を断つことによってのみ、結果的に押さえ込むことができる。全般的な社会状態の改善は地域社会の仕事である。社会の最悪で危険物（である者）の何人か、また誠実な生活を別の境遇に引き入れる者の多くは、施設における特別で熟練の処遇によって矯正され得る」*Ibid.*, para.29, at 11-12.
211) *Ibid.*, para.31, at 12.
212) *Ibid.*, paras.52, 53, at 20.しかし、短期刑の場合には、批判した分離独居拘禁制を維持するものであった。D.Howard, *supra* note 7, at 109.
213) 限定形態とは受刑者間の悪風感染防止の意味であり、この形態での交流作業は利点として、①単調な継続的孤立化によるモラルおよび身体的荒廃から受刑者を救うこと、②その停止を受け得る優遇的性質から有用な懲罰の種類に十分加え得ること、③受刑者を集団で教示でき、作業場・棟において妥当で経済的な監視ができ、施設内での勤勉な労働の提供、組織化の困難さが（従来に比べ）軽減されること、④独居室での何時間かの労働よりも塵埃がなく健康的であること、を挙げる。

　こうして、交流作業の積極面を評価することによって、過去50年間にわたりイングランドが採用し、沈黙（交流）労働の根拠となっていた「悪風感染の恐怖」から解放された。Gladstone Report, *supra* note 200, paras.51, 53, at 20, 21.なお、作業として、分類によって保安秩序に懸念のない受刑者に対し、新たに庭園・農園・土地改良作業（とくに女子受刑者には軽い庭農園作業）のもつ健康、生産などの多面的な利点を挙げ、作業の種類の拡大を提示する。また印刷作業が官需産業となるとする。*Ibid.*, paras.64-66, at 23-24.
214) *Ibid.*, para.54, at 21.これに関連し、従来の重罪者刑事施設と一般の地方刑事施設は、

行刑上、その差異が受刑者の刑期の長短以外にはなく、区分は不便で時代錯誤として、速やかな融合を提案する*Ibid.*, para.120, at 42-43.

215) *Ibid.*, paras.57, 62, at 21, 23. 刑事施設内労働の価値は、刑事施設内業務を含め、年11万～12万ポンドであり、国内自由労働による収益のごく一部を占めるに過ぎないとする。

216) 刑事施設内産業がマット業など民業圧迫となることから、作業を自営：官用：民間用に3：2：1とすること、産品価格および自由市場の賃金・雇用の慎重な配慮をすべきことなど、労働組合（TUC）の支持を得る措置も考慮される。*Ibid.*, paras.57, 60, at 21, 22.刑事施設態勢の産業化には、施設の配置・建設、職員の訓練・相応の賃金等、多くの改善が必要とする。*Ibid.*, para.59, at 22.報奨金を増額すべきかは、刑事施設局で慎重に検討すべき問題であるが、地方刑事施設における現行の10シリングの限度額は厳しいとする。金銭収入は、労働への勤勉さを奨励するために6か月内は認められているが、これを刑期中も継続していくらかの金銭収入があるべきとする。報奨金は、釈放時に全額支給せず、受刑者援護協会（the Prisoner's Aid Society）および巡視判事が決定する方法で支給すべきとする。これらは、男女受刑者に適用されることと、報奨金を社会復帰の手段として活用させようとすることに特徴がある。*Ibid.*, para.71, at 25.

217) 少年犯罪者は、約100人であるが、警察留置場ないし矯正施設（workhouse）は好ましくなく、さらに刑事施設は拘禁の場でしかないことから、重大犯罪のケースでは拘禁刑が必要だとしても、子供は感化院（Reformatory）の特別処遇に服させ、受刑者とは分離されるべきであって、刑事施設の規律秩序が適用されてはならないとする。その際、その処遇責任は刑事施設長と巡視委員会が負い、その処遇原理は、①少年の気質特性、②拘禁刑の主要にもつ抑止性、③治療処遇の同時にもつ感化的性質、に基づくものとする。また、略式管轄裁判所が子供の犯罪に対し、罰金（1ポンド以下）、損害賠償（5ポンド）、子の善行保持を親に命じる権限をもっているが、その行使を好ましいとする。*Ibid.*, para.82, at 28-29.

218) 初犯者とは、公的認知後の有罪が初回の者に限定すれば、実際には認知されれば有罪判決を受けていた累犯者もこれに含まれる。したがって、初犯者と危険な犯罪者の区分は、行刑当局の裁量が認められるものとされる。*Ibid.*, para.83, at 29.なお、重罪者（Convicts）は、地方または重罪者の刑事施設に収容される変更はあるが、従来通り収容後9か月間、独居拘禁に置かれ、その最初の1か月間は第1級の重労働、続いて槇肌作り、マット製作、被服仕立てなどの労働、9か月経過後に公益労働、石掘だし・農耕作業などが、健康体の重懲役受刑者には科される。*Ibid.*, paras.46, 76-80, at 18, 26-28.このことから、グラッドストーンリポートにおいても、比率は低いが重懲役受刑者に対し、1か月間（6時間／日）、機械的で単調な第1級労働を課すことを認めてい

219) 刑事感化院収容は、政府の管理する18歳から21歳までの少年を収容する「刑事施設と感化院との中間施設」であるべきとする。Ibid., para.84, at 21.
220) Ibid., paras.86, 87, at 31-32.常習酩酊は、疾病であるので医学的治療を施すべきとする。施設内で出産の女子受刑者には、必要であれば、疾病時の病院居室への移送、生後9か月時点での乳児の引き離しなどに関して、医官・女子施設長に裁量的措置が執られるように勧告する。なお、精神異常者、精神的薄弱者の特別処遇、居室内労働にも言及している。Ibid., paras. 58, 92-93, at 22, 33-34.
221) 点数制による累進処遇の際に、点数は勤勉と善行を基準にするが、疾病および虚弱を理由に剥奪されてはならないとする。レミッションは現行の重罪者（＝3年以上の重懲役刑）に刑期の4分の1を減じることを認めた制度であるが、地方刑事施設の受刑者（2年以下）に認めない根拠に妥当性がないとして、地方施設受刑者にも拡大適用すべきとする。Ibid., para.43, 44, at 18.
222) Ibid., para.73, at 26-27.交談は、女子受刑者には適切な監視下で日に最低1時間の交談が認められ、また男女とも作業目的および公的・当局関係者の訪問時には認められたことを除いて禁止されていた。勧告提案は、一定期間善行を保持したことの報奨という条件で、一定期間の交談を優遇として賦与すべきことを示す。Id.
223) Ibid., paras.37, 38, at 15-16.近時の懲罰緩和の例示として、①1884年のアイルランド刑事施設に関する王立委員会リポートの公刊以来、暗屛禁（dark cell）が完全に中止されたこと、②身体罰が地方刑事施設において激減し、重罪者刑事施設にあっては身体罰の総数が減少していること（収容人口減により、重懲役受刑者中の被身体罰比率は上昇。1893年度、39人、1.13％。同地方施設、98人、0.81％）を挙げる。Id.
224) 現行規則における規律違反行為の懲罰に関しては、刑事施設長の場合、3日以内のパン・水のみの減食、巡視委員会の場合、1違反行為につき14日以内減食（1等食のパン・水。3日ごとに2等食、3等食に変更）での屛禁（懲罰室。punishment cell）。1877年法によって14日間の屛禁のみとなり、追加の懲罰の場合は、前懲罰と最低3日間の間隔を置くこと、医官の承認があることを条件にしていた。勧告は、1等食罰は非常に慎重に、とくに女子受刑者には、課すべきもので、それ自体最も好ましくないものあるとする。しかし、巡視委員会に付託される最重大の規律違反ケースにおいて、同委員会は受刑者が規律違反を認め、かつ施設長が不服従の状態の終了を認めた場合、不要な遅滞なしに、懲罰の残余を取り消し、または停止する措置を講じることができるように勧告する。Ibid., para.40, at 17-18.
225) Ibid., para.40, at 17.
226) グラッドストーンリポートは、規律に関し提示された証言を、勧告の論拠として援用している。ここに委員会の刑事施設における規律観を看取できる。「過去の生活が決

定的に示すように、ある人的集団は抑制下に置かなければ法や社会生活上の規則を順守できないので、その集団を絶対的服従に置かしめるべき十分な強制力をもった刑事施設規律制度を構想することは不可能である。刑事施設内の生活は必然的に持続的で厳格な規律を意味する……。作業場労働の拡大、踏み車・巻き上げ機踏みの廃止、重罪者刑事施設における暗屏禁規則の廃止、教会堂におけ混雑防止、施設内の糧食の改善、施設職員の教育指導に賛成する勧告が我々に提示されている」とする。*Id.*

227）巡視委員会は、従来の刑事施設管理委員への施設の現状報告の義務（施設修繕・増築、新規職員の適格性、受刑者の労働条件、処遇変更すべき受刑者、施設規律など）に加えて、新たに、①施設職員の出頭要請、②内務大臣の任命する教戒師の指名、③受刑者の第1級重労働への変更、④刑事施設管理委員の権限下での受刑者の労働の種類決定、⑤同管理委員の指定内での面会交通規則の緩和など、9項目におよぶ施設管理権限をもつべきとする。*Ibid.*, paras.110-114, at 40-41.

228）D.Garland, Penal Modernism and Postmodernism, in T.G.Blomberg and S.Cohen (Eds.), PUNISHMENT AND SOCIAL CONTROL:ESSAYS IN HONOR OF SHELDON L.MESSINGER, 1995, at 184-185.

229）リポートを「イギリスの刑罰史上の画期」となる提案とし、「初めて抑止が改善に優先するものでなくなった」とし、「刑罰楽観主義」とする見解がある。Tim Newburn, CRIME AND CRIMINAL JUSTICE POLICY, 1995, at 8.

230）デュ・ケーンは、退職後の1895年8月、「19世紀（Nineteenth Century）」紙にグラッドストーン委員会の結論の論稿を寄せたとされる。J.Thomas, *supra* note 48, at 125.また、彼の支持者は、グラッドストーンリポートを「素人の全くの理論家たち」の作文とした。L.Radzinowicz and R.Hood, *supra* note 18, at 579.ハワード協会を代表するタラックは、分類によって悪習慣は除去できないとし、悪風感染を理由に、昼間の交流共同作業に反対した。Gladstone Report, *supra* note 200, Minutes of Evidence, Q.6851-7084.

231）Noel McLachlan, Penal Reform and Penal History:Some Reflections, in Louis Blom-Cooper（Ed.）, PROGRESS IN PENAL REFORM, 1974, at 7.国民は、現行の行刑制度の改革を求めるものの、刑罰抑止が弱体化し、さらに貧困者・労働者と比べ犯罪者を劣位に置いてきたバランスが崩されるのではないかとの警戒感があったとする。L.Radzinowicz and R.Hood, *supra* note 18, at 579.グラッドストーンリポートの勧告中、立法化を求められたのは7項目に過ぎなかった。1895年のソールズベリー保守党政府（Marquis of Salisbury.1895--1902）の成立後、「政治の関心が、社会批判および改革からほとんど移ってしまい、下院の刑事施設問題への関心は専らアイルランド出身者および数人の急進派（の議員）に限定された」。S.McConville, *supra* note 55, at 697.「ソールズベリーは、『自助』の原則の方を好み、政府が社会問題へ直接関与する

ことに賛同しなかった」。S.Lee, *supra* note 1, at 210.
232) E.Ruggles-Brise, *supra* note 161, at 77.なお、5人の刑事施設管理委員によって構成される委員会を一般に刑事施設管理委員会 (Prison Commission) と呼称している。W.J, Forsythe, PENAL DISCIPLINE, REFORMATORY PROJECTS AND THE ENGLISH PRISON COMMISSION 1895-1939, 1991, at 35.
233) The Prison Act, 1898. "An Act to amend the Prisons Acts" (61 & 62 Vict., c.41). 刑事施設法の新立法を巡る立法過程および議論につき、マッコンビルの著書が詳しい。S.McConville, *supra* note 55, ch.17, at 697-757.
234) C.Harding et al., *supra* note 13, at 193.
235) Prison Act, 1889, s.1.重罪者刑事施設の監督官につき、本稿3章1節7参照。
236) ただし、規則案は開会中の両院に30日以上前に提出することが義務づけられている。*Ibid.*, s.2 (2)。
237) 重罪者刑事施設の監督官に施設長から裁定付託される規律違反行為とは、①受刑者への個人的暴行(傷害)、②施設職員への極度に攻撃的・乱暴な言辞、③意図的または悪意的な施設の窓または施設財産の損壊、④懲罰中の施設秩序・規律を乱す意図的な行為、⑤特別な手段による鎮静を要する重大な非行・不服従、⑥施設からの逃亡、同未遂である。監督官による懲罰裁定は、①28日以内の厳正独居拘禁、②間隔を置いた15日以内の1等食、42日以内の2等食、③6か月以内の分離独居拘禁、④レミッションまたは優遇の剥奪などであり、施設長裁定(3日以内の厳正拘禁・1等食・マットレス剥奪、3か月以内降級・現級止、14日以内のレミッション剥奪など)に比べ厳しい。3人以上で構成する巡視委員(会)に、直接付託される規律違反行為には、暴動・同教唆、および職員への重大な個人的暴行傷害行為がある。Rules for Convict Prisons, 1899, No.321, rr.74-77.
238) *Ibid.*, rr.78 (2), 176, 183-184.
239) 懲罰裁定の原則規定として、「いかなる種類の懲罰または剥奪も、施設長か、不在の場合代理任命された職員による以外裁定されてはならない」(71条)とし、受刑者と接触する職員による懲罰裁定を排除した。また、施設長は、被疑規律違反受刑者を尋問できるとし、受刑者は「自己に対する訴追事実・証拠につき告知され、弁解を行う機会を与えられることなく、懲罰を受けない」(79条)とする。*Ibid.*, rr.71, 73, 79。施設長の裁定となる初回の規律違反行為とは、①施設長・職員・施設規則への不服従、②職員、作業関係者、訪問者への無礼な対応、③作業中の怠慢・不注意・過失、労働拒否、⑤宗教行事・礼拝、教科教育への無許可欠席、宗教行事・礼拝時の不敬な行為、⑥乱暴・下卑・脅迫的など言辞の発声等、⑦下品な言葉、行為、態度、⑧受刑者への暴行、⑨無許可の交談、⑩放歌、口笛、騒音、無用な争い、⑪無許可の居室、指定場所からの離脱、⑫施設・物品の汚損、⑬迷惑行為、⑭禁制品の所持・室内持ち込み、

⑮物品の授受、⑯良好な秩序規律への侵害行為、⑰これらの未遂行為、の17項目にわたるが、客観的評価が難しく、裁定者の恣意性が入り易いものが多い。Ibid., r.72.

240) 懲罰として身体罰が科されるのは、①重懲役受刑者、重罪で有罪判決を受けた者、重労働（付きの拘禁）刑受刑者が、②暴動・同教唆、職員への重大な暴行傷害行為のいずれかを犯し、③巡視委員会が命じ、内務大臣が承認を与えた場合に限定される。Prison Act, 1889, ss.5 (1) (2).身体罰は、18歳以上の受刑者には「九束ね鞭（Cat-o'-nine-tails)」または樺の枝鞭（Birch rod)、同年齢未満の者には樺の枝鞭を用い、内務大臣の指定方法で科される。Convict Prisons, 1899, No.321, r.83.Rules for Local Prisons, 1899, No.322, r.89.Rules for Local Prisons, 1899, No.322, rr.213, 216, 232, 234. 懲罰用の屏禁室は、無規律か暴力的な受刑者の一時的拘禁としては存置される。Prison Act, 1889, s.7 (1).

241) Ibid., s.8.6か月以上の刑期の拘禁刑受刑者は、6か月の刑執行後、特別な精励さと善行によって残刑期の4分の1以内で減刑を受ける。Rules for Local Prisons, 1899, No.322, r.37.

242) この収容分類は行刑当局ではなく裁判所が決定するところに特徴がある。受刑者は、正式起訴犯罪か否かに関わりなく、重懲役刑または重労働付加の拘禁刑を宣告されない場合に、3区分（分類）して収容される。「罪質および犯罪者の前歴」によって、第1および第2区分となり、裁判所が指定しない場合、第3区分として収容される。Prison Act, 1889, ss.6 (1), (2).　第1区分収容の対象者は、刑事施設への拘禁自体を目的とした受刑者としてではなく、かつての「民事負債者」のように私弁による糧食、酒類など物品購入が可能であり、施設当局の許可によって労働が認められる場合がある。第1区分、第2区分収容に共通な収容条件は、礼拝および運動を除き、原則的に交流禁止で昼夜独居室収容となることにあるが、第2区分収容の場合、交流労働が加わること（夜間のみ独居）に違いがある。Rules for Local Prisons, 1899, No.322, rr.213, 216, 232, 234.James Fitzjames Stephen, A DIGEST OF THE CRIMINAL LAW (CRIME AND PUNISHMENTS), 1904 (6th ed.1st ed.1877), at 4, 6.

243) 地方刑事施設において、第1および第2区分に収容の受刑者を除き、すなわち第3区分はさらに①星級（Star class）、②一般級、③少年犯罪者に分類される。星級は、重大犯罪による有罪歴がなく、常習犯罪者でも堕落した習性の者でもない場合に分類され、一般級はその反対に位置する。累進処遇は、各段階で優遇、特典を得る。Rules for Local Prisons, 1899, No.322, rr.34, 35.重罪者刑事施設においては、①星級、②一般級、③中間級の3級に収容区分される。前2者の区分基準は、地方刑事施設の場合と同様であるが、中間級は、釈放前12か月以内にあり、①累進処遇の最上級段階か、②同段階にはないが、年齢・前歴、施設での行状から釈放後に誠実な生活が期待できる受刑者が該当し、釈放後の雇用機会を得るために商業技術の教示を行う。商業技術の習

得は、当時の施設内処遇目的の一典型として理解される。Rules for Convict Prisons, 1899, No.321, rr.29, 30.重罪者刑事施設においては、最初の6か月間（男子。女子4か月間）分離独居拘禁となり、その後累進処遇となる。レミッションは、「重労働および善行を伴う勤勉」によって、終身重懲役の場合20年服役後、定期重懲役の場合、残刑4分の1（男子。女子3分の1）の時点で許可状による釈放の資格を得る。女子受刑者のみ、釈放前9か月間、認可保護施設での拘禁となる。Ibid., rr.31-34.

244) Prison Act, 1889, s.9.

245) 受刑者の処遇実務において、継続ないし明記したものに、処遇等関連規則の告知、制服着用、点数制、報奨金とその剥奪、地方刑事施設における規律違反行為とその裁定、釈放時の報奨金支給などがあり、変更のあったものに、劣位原則の緩和であるベッド・衣類の条件改善（懲罰を除きマットレス使用）、健康に適した十分な量の糧食給与などある。なお、刑事施設における施設長を頂点とする軍隊的規律の職員管理・組織体制は堅持されている。Rules for Convict Prisons, 1899, No.321, rr.11, 15, 18, 23, 26-27, 35- 36, 115-116, 153.Rules for Local Prisons, 1899, No.322, rr.14, 18, 28, 31-32, 36, 41, 78-89, 124-125, 162.

246) スミスは、ガーランドの所説を援用しつつ、1898年刑事施設法など一連の「新しく、しかもより強度な形態の社会的規制は、登場する民主主義の時代に相応し、また不可欠であると理解される改善、矯正、標準化を成し遂げることで構築され」、この時代的要請に対応した法改正等を通じた構造転換は、「市場諸関係を阻害することなく、国家内部に新たな共同利害の一致を浸透させる一層広範な戦略の一部であった」とする。D.Smith, Colonel A.B.McHardy:The Transformation of Penalty in Scotland（1885-1909), Scottish Economic & Social History, Vol.9, 1989, at 39.D.Garland, *supra* note 183, at 59-64.

247) 拘禁刑は重労働付加の有無により2種類に分かれる。鞭打ち刑は16歳未満は25回、成人は50回、樺の枝鞭を使用し、重懲役刑との併科もできる。善行保証は、保証金の納付により社会内に置かれるものである。プロベーションは窃盗、詐欺および2年以下の拘禁刑で処罰される犯罪の場合、初犯者に対し社会内での平穏維持と善行保持を条件に科す。J.Stephen, *supra* note 242, at 3-10, 17.スティーブンは、他に刑罰として警察監視（Subjection to Police Supervision）、感化院収容（Detention in a Reformatory School）を挙げる。警察監視は、重懲役における許可状による釈放に伴うものである（注112参照）。感化院収容は、16歳未満の少年に対する「刑罰」で収容期間は3年～5年間、19歳が収容の上限である。ここではこれらを除外した。Ibid., at 7-8,

248) A.Coyle, *supra* note 138, at 85-86, 89.D.Garland, *supra* note 183, at 61.1890年代に入り、その傾向は集中して現れている。1898年の平均拘禁刑期は、スコットランド15

日（イングランド28日）であり、1898年にスコットランド刑事施設において50犯以上の有罪歴をもつ受刑者は500人を超えたとされる。*Ibid*., 61-62.ピーターヘッド刑事施設は、1888年6月29日、重懲役受刑者の収容施設である重罪者刑事施設（正式名称は総合刑事施設）に指定された。Order in Council Appointing Peterhead to be a General Prison for Male Prisoners.29th June, 1888.

249) T.C.Smout, A CENTURY OF THE SCOTTISH PEOPLE, 1830-1950, 1986, at 251.このことは、中産階級の生活とは対照的であり、1880年当時、大都市部エディンバラおよびグラスゴーにおける統計上の1人当たりの所得（税）額は、ロンドン、マンチェスター、リバプールと並んで、第3および第5順位にあった。富は偏在しており「労働者階級にとって、境遇は悲惨な対照的なものであった」。*Ibid*., 110, 112.D.Garland, *Ibid*., 54.

250) A.Coyle, *supra* note 138, at 82.1839年刑事施設（スコットランド）法および1860年施設管理法による「スコットランド刑事施設の管理はいささか異なる中央集権化の過程を辿った」とし、1877年施設法によって「独自の」スコットランドの刑事施設コミッション（コミッショナー委員会）の設置に留意すべきとする。D.Garland, *supra* note 183, at 33.

251) 拙稿・前掲注148・第2節参照。Peter Young (Assisted by Maureen Young), CRIME AND CRIMINAL JUSTICE IN SCOTLAND, 1995, at 1.

252) Prison Rules, 1896. "Rules for Prisons in Scotland, dated June 18, 1896, No.634".

253) 1898年刑事施設法は、スコットランドおよびアイルランドに適用除外されることを明記する。Prison Act, 1898, s.16 (1) .

254) A.Coyle, *supra* note 138, at 188.

255) *Ibid*., 81-82.初期のコミッショナーは、職責委員2人のほか、パウェル（T.Folliot Powell）およびバートン（John Hill Burton）であった。パウェルは、同上級弁護士であり、過去に総合委員会（本章1節5、2節11参照）の事務局長（1854年）、有給幹事（1860-1877年）を歴任した実力者であり、バートン（任期1877-1880年）がイングランドの制度（職員位階制度等）に倣おうとしたことに、1881年の死亡まで反対したスコットランド派である。

256) マッカーディは、スコットランドの指導的な刑罰実務家とされるが、経歴はつぎの通りであった。スコットランド北東部のアバディーンに、治安判事の子として生まれ、アバディーン大学卒業後、19世紀の刑事施設実務家と同様に準軍隊的な経歴（1862年陸軍工兵隊、香港にて監督長）をもち、1877年内務省においてデュ・ケーンの指示の特別任務後、1880年代にイングランドの刑事施設管理委員（コミッショナー）として諸刑事施設を調査し、1882年に同刑事施設の監察総監（本章1節7参照）となり、1884年にはアイルランド刑事施設に関する委員会の事務局長としても活動し、1885年以降

にスコットランドのコミッショナーとなり、この間の1887年工兵隊を陸軍中佐の階級で退役した。スコットランドでは3年間、現職の軍人のままであった。後に、爵位(CB.KCB)を授けられ1917年に没した。D.Smith, *supra* note 246, at 40, 52.なお、マッカーディの委員長在任時、他のコミッショナーは、職責委員の2人を除き、ハドー(Walter H.Haddow.任期1896-1912年)のみであった。

257) *Ibid*., 41, 47.Memorandum on the Scottish Prison System since 1839, Parliamentary Papers, XL, 1900, Append.6, at 286-9.1909年11月のコミッショナー会議で退任のマッカーディ対し「受刑者処遇における優しさ、共感、思いやりの思想」が語られた。A.Coyle, , *supra* note 138, at 84.もっとも、スコットランドの犯罪現象は、「犯罪者」として酩酊者が刑事施設の過剰収容を生み出すなど深刻なものがあり、イングランドと同様に、1898年酩酊者法(Inebriates Act, 1898)による常習酩酊者を平穏侵害での処罰後さらに拘禁することに賛成し、判事からの受刑者の犯歴照会に応じるなどの譲歩面も見られた。D.Smith, *supra* note 246, at 43.

258) Prison Rules, 1896. "Rules for Prisoners in Scotland, dated June 18, 1896".1896.No.634.

259) *Ibid*., r.152.その際、受刑者の労働は正当な規律のもとで公益労働であることとされ、職員等の私役であってはならない。*Ibid*., r.154.日曜日等の指定日を除き、日に10時間以内の労働を使役として、分離拘禁(separate confinement)か交流作業の形態で課される。*Ibid*., r.421.重労働の付加された拘禁刑受刑者は男女で労働の種類が指定され、槇肌作り、石割り、縫製、営繕作業等を行う。*Ibid*., r.425.重罪者の報奨金は「行状および勤勉さが良好」なとき、点数制に基づいて算定され、6ポンドを上限とし釈放時に支給される。*Ibid*., rr.457-461.

260) *Ibid*., r.358.受刑者間の無許可の交談は禁止される。*Id*.

261) *Ibid*., rr.360, 387.ただし、16〜60歳の男子受刑者は、収容後1か月間はマットレスなしの板ベッド(床)で就寝する。*Ibid*.r.361.懲罰として減食は認めるが、給食停止を禁止する。*Ibid*., r.389.

262) *Ibid*., r.428.重罪受刑者は、収容後、スコットランド担当大臣の指定する期間、分離拘禁となり、続いて公益労働の使役を受ける。累進処遇によって階級ごとに優遇・昇級を得、懲罰によって降級・現級止となる。*Ibid*., r.429.レミッションは「重懲役および善行を伴う勤勉」によって、有期刑の場合、男子4分の1、女子3分の1の減刑となる。*Ibid*., r.432.Special Rules, dated July 23, 1888, made by the Secretary for Scotland, for the Government of Peterhead Convict Prison, in pursuance of Section 23 of the Peterhead Harbour of Refuge Act, 1886, rr. 1 -4〜5 (henceforth "Special Rules, 1888").

263) *Ibid*., rr.14-16.一方の巡視委員の選出が議会による指名として明確になったことで、

より住民自治的になった。なお、巡視委員会の構成、女子委員構成を3分の1以下とする法定などの立法は続いていた。Prisons (Scotland) Act, 1887 (40 & 41 Vict.c.53).Prisons (Scotland) Act, 1909 (9 Edw.7.c.27).

264) *Ibid*., rr.30-31.巡視委員会の他の機能（行刑監視および不服申立の受理の機能）は存置された*Ibid*., rr.33, 43-44.

265) 規律違反行為は、施設長裁定の規律違反行為とコミッショナー裁定とに分かれ、巡視委員会には裁定権限がないところに特徴がある。後者のコミッショナー裁定は、重度か再違反の行為に限定され、懲罰も前者のものより重く、身体罰まで科される。これを示すとつぎの通りである。Special Rules, 1888, *supra* note 262, rr.Ⅰ-Ⅶ.なお、ピーターヘッド重罪刑事施設には、重度の規律違反行為の裁定のため、イングランドと同様に、新たに巡視委員会（Board of Visitors）の設置が提案された。Report from

重罪者刑事施設における規律違反と懲罰

規律違反行為等	裁定者	懲　罰（併科可）
初回規律違反	重罪者刑事施設長	・3日以内の懲罰室拘禁 ・3日以内の9等食 a ・28日以内の指定食での分離拘禁の軽・重労働か10日以内の9等食 b での軽労働 ・3か月以内の降級、優遇の留保 ・3か月以内の昇級延期 ・労働嫌忌・拒否、独居室からの退居拒否への3日以内のマットレス剥奪 ・14日以内のレミッション剥奪
重度、再違反	コミッショナー （←施設長の告知）	レミッションか、分類の優遇の剥奪に加えて、 ・28日以内の2等食か、20日以内の9等食aでの懲罰室拘禁 ・9か月以内の4等食か、20日以内での9等食bでの軽労働
暴行・同未遂、逃亡・同未遂		・6か月以内の識別衣着用、脚鎖・交差枷での拘束
着衣の損壊		・書面に指示のズック衣着用
男子の一定行為＊		・身体罰＊＊

＊暴動・同未遂、職員・受刑者への暴行、職員への顕著な罵倒・攻撃的言辞、施設の窓・財物の故意損壊、懲罰時の施設の規律秩序破壊の妨害行為、特別な制圧措置を要する重大な他の非行・反抗行為。

＊＊18歳以上（の男子）は、36回以下の九束鞭での鞭打ち、18未満は18回以下の樺枝鞭での鞭打ち。

the Departmental Committee on Scottish Prisons (Elgin Report), 1900, HMSO, Cd.218, Parliamentary Papers, XLII, 89-118, at 117 (orig.p.25) (henceforth "Elgin Report").

266）コミッショナーのマッカーディは、スコットランドにおいては一般刑事施設においては懲罰の鞭打ち（身体罰）の事例がなく、ペーターヘッドの重罪者刑事施設で希であり、手枷など物理的抑制装置も同様であったことを誇りにしていたとされる。D, Smith, *supra* note 246, at 42.

267）Order in Council Declaring Barlinnie Prison to be a General Prison For Scotland (25th July, 1882). Prisons (Scotland) Act, 1904. (4 Edw.7, c.35).

268）一般受刑者数の増加現象は短期の累犯の受刑者増による。1898年のコミッショナーリポートは、人口約72万5,000人の大都市グラスゴーにおいて、酩酊犯および平穏侵害・軽微暴行による検挙者数が、各々1万9,000人、2万1,000人であったとする。平均刑期は15日であり、被拘禁者数5万6,561人中、1,276人だけが2か月以上の刑であったとする。Commissions' Report 1898.Elgin Report, *supra* note 265, at orig.p.15. スコットランド選出議員の「イングランド・アイルランドの刑事施設業務に対し承認されたと同様にスコットランドの刑政への調査を求める理由書」が大臣宛てに提出され、回答を求めていた。A.Coyle, *supra* note 138, at 91.

269）エルギン委員会は5人の委員構成で、国会議員2人（Thomas D.G.Carmichael 卿、James P. Smith 卿）、政務次官（Colin C.Scott-Moncrieff 卿）、医師（John B.Tuke）であった。諸問事項は、スコットランドにおける疾病受刑者への施策、一般刑事施設への収容充足、少年・初回犯罪者と処遇方法、糧食の充足、受刑者の道徳的向上と訓練のための刑事施設労働と職業であることから、委員会の設置目的は、過剰収容によって生じた劣悪な施設状況および受刑者の処遇改善を提案させることにあった。Elgin Report, *supra* note 265, at orig.p.iii.

270）*Ibid.*, orig.p.2. 疾病受刑者の医療的処遇、病院移送も検討している。*Ibid.*, orig.pp.4-6.

271）*Ibid.*, orig.pp.10.20.

272）*Ibid.*, orig.p.22. しかし、「何人も、刑事施設内労働が教育的ないし改善的効果を高く評価していないこと。……受刑者が、この（皮革製品製作、製本等の）知識を釈放後に誠実な生活の糧を得る手立てとして考慮するであろうとの期待は皆無」とし、労働技術が社会復帰手段として活用できるものではないことをリアルに見ている。処遇効果への悲観論が登場している。他方で戸外使役が受刑者に効果的なことも指摘する。*Ibid.*, orig.pp.22-23.

結 論

1)「法的処罰としての拘禁刑の歴史は、否定的な叙述に始まる」。Max Grünhut, PENAL REFORM:A COMPARATIVE STUDY, 1948, at 11.「論理的、法律的には、拘禁刑についての何らかの特別な正当化ないしはイデオロギーの助けなしに、刑事施設を運営しつつ、拘禁刑を刑罰として用いることは可能であるが、刑事施設および拘禁刑の目的ないし機能がもつ積極的な意味づけをすることなしには、そうすることは、民主政治の社会では困難であろう」。Franklin E.Zimring and Gordon Hawkins, INCAPACIATION: PENAL CONFINEMENT AND RESTRAINT OF CRIME, 1995, at 5.

2) 全盛期の政府報告書および立法として、以下の報告書、立法参照。 Department Committee on the Employment of Prisoners, REPORT Part 1:EMPLOYMENT OF PRISONERS, Cmnd 4462.HMSO, 1933;Criminal Justice Act 1948 (c.58), Criminal Jistice Act 1949 (c.94), Prison Act 1952 (c.52), Prison Act (Scotland) Act 1952 (c.61). なお、最近の研究として、サイモンの研究が注目される。Frances H.Simon, PRISONERS' WORK AND VOCATION TRAINING, 1999, pp.261.

関連文献（比較的近時のもの）

A　翻訳書（刑事施設制度全般）

ジョン・ハワード（川北稔・森本真美訳）・18世紀ヨーロッパ監獄事情（1994年）岩波書店

ジョン・ハワード（湯浅猪平訳）・監獄事情（1972年）矯正協会

ダリオ・メロッシ、マッシモ・パヴァリーニ（竹谷俊一訳）・監獄と工場：刑務所制度の起源（1990年）彩流社

ミシエル・フーコー（田村淑訳）・監獄の誕生 ─ 監視と処罰 ─ （1977年）新潮社

B　個別論文

1　ベンサムの刑罰理論
・内田博文「ベンサム刑法理論について」刑法学における歴史研究の意義と方法（1997年、九州大学出版会）379頁以下。

2　ロミリーの刑法理論
・大谷實「イギリス18世紀刑法思想の一断面 ─ Samuel Romily（1757~1818）を中心として ─ 」刑事責任論の展望（刑事法学研究第2巻、1983年、成文堂）196頁以下。

3　スコットランドの法制度
・ステアー・ソサエティ編（戒能通厚、平松浩、角田猛之編訳）スコットランド法史（1990年、名古屋大学出版会）。

4　18・19世紀のイングランドにおける犯罪、法、監獄（ジェイル）
・福士正博「産業革命期イギリス農業労働者と犯罪 ─ 密猟を中心として ─ 」土地制度史学120号（1988年）16頁以下。

・矢野久「＜歴史犯罪学＞の成果と展望（上）（下）」三田学会雑誌82巻2号（1989年）40頁、同3号（1989年）144頁以下。

・栗田和典「18世紀イギリス史の新展開 ─ 犯罪の社会史覚書き」史学雑誌99編9号（1990年）62頁以下。

・栗田和典「「統治しがたい」囚人たち ─ 1720年代のロンドン・フリート債務者監獄」史学雑誌105編8号（1996年）41頁以下。

・栗原眞人「1730年代のオールド・ベイリ（1）～（3）」香川法学18巻1号（1998年）145頁、同3・4号（1999年）79頁、19巻2号（1999年）1頁以下。

■著者紹介
三宅　孝之（みやけ　たかゆき）

同志社大学法学部卒業
同志社大学大学院法学研究科修了
沖縄国際大学を経て
現在　島根大学法文学部教授

主な著書
「精神障害と犯罪者の処遇」（成文堂）1992
「刑事政策講義［第3版］」（有斐閣）1999 共著

英国近代刑罰法制の確立
―― 刑事施設と拘禁刑 ――

2001年10月1日　初版第1刷発行

■著　者――三宅　孝之
■発行者――佐藤　正男
■発行所――株式会社 大学教育出版
　　　　　　〒700-0951　岡山市田中124-101
　　　　　　電話 (086) 244-1268　FAX (086) 246-0294
■印刷所――サンコー印刷㈱
■製本所――日宝綜合製本㈱
■装　丁――ティーボーンデザイン事務所

Ⓒ Takayuki Miyake 2001, Printed in Japan
検印省略　落丁・乱丁本はお取り替えいたします。
無断で本書の一部または全部を複写・複製することは禁じられています。

ISBN4-88730-458-7